空き家改修の教科書

古民家 × DIY で自分らしい暮らしを実現！

著・イラスト **フクイアサト**　　企画・編集　NPO法人 **結びめ**

学芸出版社

JN058690

2017年 平井邸

はじめに

「日曜大工もしないやつが家なんか直せるか！」

　2002年、29歳の僕が、田舎暮らしをすべく、仕事を辞め、古民家を買って自分で直すと宣言した時に、親父から言われた言葉です。彼の言うとおり、ノコギリもカンナもノミも電動工具も持っていなければ、使ったこともない。家を建てるのも直すのも大工さんの仕事、僕もそう思っていました。

それでも始めちゃった

　それなのに僕は、その年の6月に崩れかけの築150年の茅葺民家を購入。家の前にテントの仮住まいを建てました。屋根を落とし、土壁を落とし、骨組みの状態から腐った柱を入れ替え、新たに増築もしました。茅葺の材料を自分で刈り集め、屋根の骨組みと土壁の下地となる竹小舞（たけこまい）の竹を切ってきて、屋根を葺き、土を練り、土壁を塗り、床を作り、お風呂、台所、トイレ…。家に住むことができるようになったのは2009年の夏のことでした。週末になると家族や多くの仲間に助けられて作業をした貴重な日々を懐かしく思います。

古民家は安い？

　近年、おしゃれなカフェや雑貨店、住宅などで、古民家をリノベーションしている事例が雑誌などに多く取り上げられています。また、リモートワークなど働き方の変化にも伴い、田園回帰というのでしょうか、田舎暮らしを目指す人が増えています。僕の住む滋賀県高島市でも毎年、何組かの移住者が、自分たちで古民家をリノベーションして素敵な家に生まれ変わらせています。この本を手に取ったみなさんの中にも、いつかは田舎で古家を買って、自分でリノベーションしたいと憧れている人もたくさんいると思います。

　過疎化が進む地方には多くの空き家があります。田舎の物件は安い。確かに都会に比べると安いですが、当時の僕たちのような若い世代にでも手が出るような物件となると、クマが出るような奥地か、大規模な修繕を必要とする古民家ということになります（笑）。床が抜けている、壁が崩れている、屋根が傷んでいる、カビ臭い、中に入っただけで憂鬱になる、不動産屋さんも扱うのもためらう、「安い家」というのはそういう家なのです。

できそうなことは自分でやってみる

　「家を建てる＝セルフビルドの本」はたくさんあるけれども「古民家を自分で直す本」は意外に少ないです。崩れた土壁を直す方法は？　腐った柱はどうやって取り換えるの？　抜け落ちそうな床をどうやって作りなおすの？　汲み取り便所をどうやって水洗便所に作りかえるの・・・？？

　この本は、僕と同じようにセルフリノベーションに挑戦した人たちの経験や知識を集め、専門的な知識を補足し、まとめたものです。決してプロの大工さんになるための教則本ではありませんので、あしからず。この本の内容だけで、完全な家に生まれ変わるわけではありません。プロにお願いした方が良い工事もあります。あくまで道具も持ったこともないような、僕のような素人のための本です。

　家の傷み方は千差万別。直し方も、見栄えも、人それぞれ（笑）。すべてのリノベーションを網羅できたわけではありませんが、大切なことは**「できそうなことは自分でやってみる」**という姿勢です。家が傷んだら、また自分で直すのです。

　「いつかやってみたいなあと思ってるような気がする今日この頃」な人が「なんかできそうな気がする」「よしやってみよう！」と思ってくれると僕はうれしいです。そして、みなさんのその大きな一歩を踏み出す、その背中を押すことがこの本の目的なのであります。

　自分の家を自分で直す。はっきり言って面白いです。気持ちいいです。一人でも多くの人達にこの快感を味わってもらいたいのです。

さあ、まず、その目の前の壁をぶち壊しましょう〜！！！！

2002〜2010年にかけて改修した著者の家　　　　　　　　　　右／著者フクイアサト、左／編集者　原田将（NPO法人結びめ）

目次

第3章 こだわりの空き家改修事例集

この本の使い方

　「空き家改修」といっても、世の中には様々な空き家が存在します。この本は、2012〜17年に滋賀県高島市で、築60年程度の木造古民家を題材にして開講した「空き家改修講座」をベースに作成しています。

　本書は、上記の「空き家改修講座」の講師であるフクイアサトが、これまでの講座や自宅の改修などで培ってきた経験や知識をもとに直筆のイラストとともに著したものです。「NPO法人 結びめ」が、フクイアサトの執筆をもとに現場の雰囲気や状況がわかる写真を加えてまとめました。

　本書の主な内容は、第1章は自分で空き家改修をする前に知っておくと良いことをまとめています。空き家見学時のチェックリストなども掲載しているので、これから空き家を探す人は参考にしてみてください。第2章は工具の説明からはじまり、屋根、壁、床、天井など箇所ごとの改修方法と、こぼれ話などを盛り込んでいます。第3章はこだわりの空き家改修事例、空き家改修座談会など盛りだくさんの内容です。

　この本は、あくまでも自ら空き家改修を楽しんでもらうための本であり、教則本ではありません。この本に書かれた内容はフクイアサトの経験にもとづく主観によるものであり、一つの方法として受け取っていただければ幸いです。

　実際に現場で作業すると、わからないところやうまくいかないことが必ずあります。それもセルフビルドの醍醐味です。詳しい人に相談したり、本やインターネットなどで情報を集め、学び、知見を深めてもらえたらと思います。
　また、現場では刃物や工具を使用したり、高所での作業もあると思うので、怪我や事故が無いよう、いつも安全第一で取り組んでください。

　本書をきっかけに一人でも多くの人にセルフリノベーションに興味を持っていただき、実践への一歩を踏み出してもらえたら、大変うれしいです。その経験はあなたの人生をきっと豊かなものにしてくれます。

さぁ、まずは、こころの壁をぶち壊しましょう！！

第1章
空き家改修の前に知っておくこと

2012 年 7 月 空き家改修塾

空き家改修の常識・非常識

工事費の半分以上は人件費

　工務店や専門の業者にお願いして、家を建てたり直したりする時にかかる費用の内訳として、およそ3分の1が材料費、3分の1が工事をする職人さんの人件費、残りの3分の1が工務店などの諸経費となります。この諸経費というのは工事を取りまとめる工務店の人の人件費も含んでいます。要するに半分以上が家の工事に携わってくれた人達への報酬なのです。この報酬を支払うことによって職人技を駆使してできあがった美しい家が手に入るわけです。

　ここで「隙間がない」「はみ出していない」「傾いていない」美しい家から、セルフリノベーションの醍醐味である「ちょっと隙間がある」「ちょっとはみ出ている」「ちょっと傾いている」味のある家にシフトチェンジをすることで工事費が安くできるのであります。

　最近は建築資材もインターネットで調達できる時代です。トイレの便器、ユニットバス、キッチンなど業者価格で購入することができるようになりました。ネットオークションでは中古の資材も日本全国から探せます。おかげで僕たちのような素人にでもセルフリノベーションに挑戦することができるようになりました。本当にありがたいことです。

　それでもやっぱりプロでなければできない仕事はプロにお願いしなければなりません。セルフリノベーションのスタンスは「できることはできるだけ自分でチャレンジしてみる」ではないかと思います。

柱の根継ぎ　　　　　　　　　　　　　浄化槽の設置工事

左写真「柱の根継ぎ」は家の構造にも関わる重要な部分で、高度な技術を要するため、プロの大工さんにおまかせします。
　右写真「浄化槽の工事」は下水処理に関わる大規模な工事となるため、設備業者さんに依頼します。

作りながら考え、好きなように変更できる

　想像してみてください。ちょっと怖そうで無口な職人さんが黙々と壁を塗っている。ところが当初の計画から想いが変わって、ここに窓をつけたくなった。せっかく塗った壁を壊さなければならない。本当に申し訳ない思いいっぱいで変更を告げなければいけないのです。しかし、セルフリノベーションならこんな心配は御無用です。奥さんから突然「ここに窓がほしい！」と言われても気持ち良く（？）作り直せますよね。工夫を重ね、考えながら、変更を繰り返しながらの家づくりです。他の人の家を見てはアイデアを膨らませ、次はウッドデッキだ、庇（ひさし）の増築だと完成は永遠に来ない、というのは「セルフリノベーションあるある」です。

「見えない所得」という考え方

　家を自分の手で直す。仕事の合間の週末に少しずつ直していく方法もありますし、思い切って仕事を辞めて工事に専念する方法もあります。仕事を辞めれば、その間の収入をどうするかという課題にぶつかります。僕の場合、昼間に作業して、夜中のガソリンスタンドのバイトや夜の塾講師のバイトなどで現金収入を得ていました。それ以外は社会人の間に貯めた少ない貯金を切り崩しながら、細々と暮らす生活をしてきました。一見、経済的に貧しい生活を強いられているようにも感じますが、セルフリフォームにより、先に述べた工事業者に本来支払われるはずの人件費を自分自身で稼いでいると思えば、「家を建てる」「家を直す」という行為は立派な仕事と考えることができそうです。

思った以上に時間がかかるものだと思い込む

　初めてのセルフリノベーションならばなおさら、工事の期間には余裕を持たせた方が良いと思います。一人でするならば資材の運び込み、屋根に板を持って上がるなど、大工工事以外の仕事がかなりのウエイトを占めます。また、慌てて雑な仕上がりになってしまうとずっとモヤモヤを引きずることになるかもしれません。もちろん、てきぱきと根（こん）をつめて早く完成することができればいいのですが、それは何軒も経験を積んだツワモノができることです。初めての人はほとんど現場に座って途方に暮れる時間が多いのもよくある話です（笑）。家族からのプレッシャーをよそに「予定は未定」のゆったりとした気持ちで楽しんで進めてください。

道具をたくさん揃えなければならない、揃えたくなる

電動丸ノコはセルフビルド必需品

　セルフリノベーションで必要な道具や電動工具は後述しますが、インパクトドライバーや電動丸ノコはリフォーム完成後も何かと重宝する工具です。しかし、角ノミのように四角い穴をただ開けるだけの工具は、あれば百人力ですがその使命を終えるとほぼ倉庫のオブジェとなります（泣）。他にも便利な工具はたくさんあって、そのための倉庫も建てたくなるというオマケ付き。奥さんの冷ややかな目を気にしながら道具道楽にハマる人もいるとかいないとか。ネットオークションのチェックが日課です。

　ちなみに、人に借りる道具は特殊工具だけにとどめてください。特にノミやカンナなどの刃物工具はみなさん時間をかけて研いでいます。そんな愛着のある道具を貸す側の気持ちを考えるとなかなか借りられませんね。丸ノコでも借りたら、新しい刃を一枚つけて返すのがマナーです。

またやりたくなる

　さて、念願のセルフリノベーションで素敵な家を手に入れてほっと平和な生活を送るのもつかの間、こうすれば良かった、ああすれば良かったと気になりだします。そしてムラムラとまた何かをつくりたくなります。こんなに面白いこと、なぜみんなはしないの？とばかりに。

改修にかかる費用 徹底比較 !!

Point 仕事を辞めて自分で改修する場合は、その間の生活費も考慮しておこう

【事例１】台所と居間30.93㎡（約9.4坪）の改修

築年数｜昭和32(1957)年9月（築55年）	構　造｜木造２階建　瓦葺き
面　積｜敷地面積506.32㎡　延床面積156.61㎡	
間取り｜１階 台所(2.5畳)　風呂(1畳)　トイレ　和室(8畳)(6畳)(3.3畳)(5畳)	
２階 和室(6畳)(6畳)　その他(10畳)	

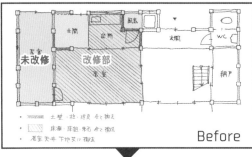

改修した〇邸は、昔ながらの大きな民家でした。空き家になって数年経っていましたが、持ち主さんが愛着を持って管理されており、良好な状態でした。

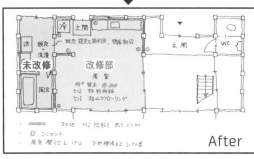

改修の概要は上図を参照。台所と居間の床、天井、土壁の一部などを撤去。新しい水周りのために配管工事をしました。床は一部、束石・土台より設置し、野地板および仕上げ材を貼っています。ステンレスシンクは再利用で対応（浴室・洗面は未工事です）。

セルフリノベーションで改修した場合

実費負担金額　274,258 円

項　目	内　　容	数量	単位	単　価	金　額
解体工事	解体ゴミ処分費	3	回	5,470	16,410
材料費 (消費税込み)	杉材、垂木、野地板、石膏ボード、コンセント、左官コテ、塗装材料など	1	式	257,848	257,848
小　計					274,258
諸経費※ 消費税 10%	光熱水費、移動燃料費、その他生活費	0		0	0 0
合　計					274,258

※セルフリノベーション中に発生する生活費や交通費等は含んでいません。　※上下水道接続の場合は市役所への相談が必要です。
※2012年に滋賀県高島市で改修した時の費用です。金額は地域や時勢によって変動するので参考にご覧ください。

M建設に見積りした場合

工務店の見積金額　1,419,000 円

項　目	内　　容	数量	単位	単価	金　額
仮設工事	内部足場（運搬費、損料）	20	㎡	1,500	30,000
解体工事	床・壁・天井　運搬処分費含む	20	㎡	12,000	240,000
木工事	床下地	20	㎡	6,500	130,000
	床板貼	20	㎡	9,000	180,000
	壁下地	30	㎡	2,000	60,000
	壁漆喰仕上げ	30	㎡	6,000	180,000
家具工事	シンク造作	1	式		30,000
電気工事	コンセント設置	4	ヶ所	6,000	24,000
	スイッチ設置	2	ヶ所	6,000	12,000
	照明器具設置	6	ヶ所	11,000	66,000
機械設備工事	排水工事	7	m	6,000	42,000
	給水工事	9	m	3,000	27,000
	混合水栓設置工事	1	台		35,000
	流し接続他	1	式		35,000
小　計					1,091,000
諸経費		1	式		199,000
中　計					1,290,000
消費税 10%					129,000
合　計					1,419,000

プロの業者さんにお願いした場合、材料費に加えて人件費や諸経費などがかかり上記のような金額に。時間、労働力、専門性、仕上がりの美しさなどを比べると、差額に納得かもしれません。
そして、セルフリノベーションで完成した時の充実感はプライスレスです！

| セルフリノベーションによる**圧縮金額** | 工務店の見積金額
1,419,000 円 | ー | 実費負担金額
274,258 円 | ＝ | **1,144,742円** |

【事例2】トイレ3.192㎡（約0.9坪）の改修

```
築年数｜昭和25（1950）年（築63年）※母屋
構　造｜木造1階建　瓦葺き　（離れ2階に増築あり）
面　積｜敷地面積1,550㎡　延床面積163.83㎡
間取り｜母屋　台所（3畳）　風呂（2畳）　トイレ
　　　　和室（8畳）（6畳）（4.5畳）（5畳）　土間（8.5畳）
　　　離れ　1階 土間（17.5畳）　2階 和室（4.5畳）（6畳）
```

【事例1】と同じ要領でトイレの改修を比較しました。古いトイレの撤去費用や改修に必要な道具代を含んでいます。設備費、材料費がかさみましたが、便槽の埋没や給排水工事を労働力で補い、右のような結果に。
何よりも時間、体力、持久力が必要です。

| セルフリノベーションによる**圧縮金額** | 工務店の見積金額
1,864,800 円 | ー | 実費負担金額
803,108 円 | ＝ | **1,061,692円** |

地方移住へのステップ

Step1. どんな暮らしがしたいのか想像してみよう

　地方で空き家を素敵にリノベーションして暮らしたい！と考えるとき、その地域でどんな暮らしをしたいのかも一緒に想像してみましょう。例えば「地域で働きながら、自然豊かな環境で子育てしたい」「自営業で仕事しながら、お米や野菜を自給したい」「ゲストハウスやカフェを経営したい」など。目的をはっきりさせることで、移住先の条件も決まってきます。条件は人それぞれで、山が好きな人は山の中で静かな暮らしを希望したり、農業がしたい人は田畑の近くが良かったり、お店を持ちたい人は交通の利便性も大事なポイントです。ただ、あれもこれもと欲張ると理想が高くなり、移住を遠ざけることになります。譲れない条件を3つくらいに絞ると移住が現実味を帯びてきます。地域の事情も学びながら（Step2〜4）条件を絞りましょう。

　移住や暮らしについて思い描いたら、パートナーや家族に想いを伝え、共有しましょう。今と将来についてじっくり話合い、みんながそれぞれのライフステージで、幸せを感じられる暮らし方を探しましょう。

Step2. 都会に居ながら地域の情報を集めよう

　現在は、日本中のほとんどの地域が移住者を歓迎していて、都道府県や市町村のホームページには必ず移住関連の情報が掲載されています。移住や2拠点居住に興味がわいたら、まずは気になる自治体のホームページをチェックしてみましょう。空き家バンクや移住関連の補助金、仕事探しについての情報や、すでに移住された方の経験談を掲載されている地域もたくさんあります。

　公的なものだけでなく、移住した人や地域に暮らす人がリアルタイムで発信しているSNSなどを見ると、日々の暮らしぶりや地域の雰囲気がより身近に感じられるはずです。

　移住検討の第一歩として、都市部にある移住相談センターでの情報収集や相談がおススメです。東京・有楽町にある「ふるさと回帰支援センター」では全国各地の相談員さんが相談にのってくれます。大阪・本町にある「大阪ふるさと暮らし情報センター」は、移住先がまだ決まっていない方や、移住を検討しはじめた方にも対応してくれる相談窓口です。対面や電話、メール、オンラインなど気軽に相談ができます。どちらも各地のパンフレット等が常設され見学だけでも立寄れます。各地の自治体による移住セミナーなども多数開催されていますので、ホームページをチェックしてみてください。

Step 3. 地域を見て、暮らしをイメージしてみよう

　実際に現地を訪れ、気候風土や景色、日当たり、積雪量、駅、病院、学校、スーパーなどを自分の目で確かめ、暮らしのイメージを具体的に頭の中で思い描いてみましょう。

　「地域の人と話してみたい」「移住の決断はつかないけれど、地域のことを知りたい」という人は、イベントや体験ツアーに参加するのがおススメ。気の合う友達ができたり、その地域と関わるきっかけができるかもしれません。実際に住んでいる人に話を聞くと、良いことも不便なことも知ることができ、大変参考になります。地域のゲストハウスに宿泊してみたり、カフェや直売所などを訪れて、店主の方にちょっと話しかけてみると、いろいろ教えてもらえることもあります。

Step 4. 市町村などへ移住相談に行こう

　移住や2拠点居住の場所が決まったら、各自治体が設けている移住相談窓口へ相談に行ってみましょう。どの地域の相談員さんも、親身になって相談にのってくれ、地域で暮らすための様々な情報を提供してくれます。移住を相談する時に大切なのは、自分がこの地域のどこに魅力を感じ、なぜこの地域を選んだのか、そして、ここで何をしたいのか、どんな暮らしを望んでいるのかなどをしっかり伝えることです。生半可な気持ちでなく、しっかり考えを持って相談に行きましょう。

　移住後の住まいは、まずは集合住宅か空き家に入る方が大半です。空き家については多くの自治体が空き家バンクなどを設置して流通を促進しています。地域の不動産業者さんにも空き家物件の情報があるので、直接相談に行って話を聞いてみるのもおススメです（ホームページに掲載前の物件情報なども教えてもらえることもあります）。

　また、移住後に安定した暮らしを続けていくためには仕事が重要ですが、移住相談では仕事の相談も可能です。住まいや仕事の紹介だけでなく、移住経験者やあなたの移住のキーパーソンになりそうな方など、いろんな人とのつながりをコーディネートし、地域と移住希望者の橋渡しをしてくれます。本気で移住を考えている方は、まず自治体の窓口へ足を運んでみてください。

さて、空き家を探すには？

Point 地域をよく知り、周りの人の信頼を得ることが、理想の家に巡り合う近道

Step 5．空き家の事情、地域の人の想いを知ろう

　現在、空き家の増加は全国的に大きな課題のひとつです。かつてのニュータウンや地方都市の商店街、農山漁村集落など、人口減少と高齢化の影響が様々な地域に現れてきており、今後この傾向はさらに進むと予想されます。一方、地方移住への関心の高まりや、2020年頃からの新型コロナウィルスの影響をきっかけに、リモートワークの広がりもあり、移住を希望し、地域で空き家を探す人が増加しているようです。

　しかしながら、地域を歩くとそこかしこに空き家はあるのに、購入できる（借りられる）空き家が少ないのが現実です。その理由は「知らない人に先祖代々守ってきた家を譲る不安」や「新しい入居者がまわりの人や集落に迷惑をかけないかという不安」などがあるからです。良い意味でも悪い意味でも、地域社会には、支えあって生きてきた共同体に異質のもの（移住者）を受入れることに対する抵抗感や不安感があり、共同体の一部である家には様々な人が様々な想いを宿しています。

　逆に言えば、地域の人と出会って話し「この人なら集落に来てほしい」「この人は一緒に集落を支える（ともに汗を流すことができる）仲間になってくれる」と信頼を得られれば、家探しでも、移住後も大きな協力を得ることができるでしょう。

　日本中の農山漁村では概ねどこも人口が減少し、高齢化が進み、地域の担い手不足が課題となっています。移住する人にも、近所付き合いや集落行事へ積極的に参加し、共に汗を流し、集落を一緒に支えていくことが求められています。

　その土地に入るということは、地域という大きな家族の一員になることです。地域の人々はその土地に心底惚れて、どっしり腰をおろしてくれるような人を待ち望んでいます。

Step 6．理想の暮らしを実現するコツ

　物件に関して言えば「理想の家」というものは、この世には存在しないと考えておくべきでしょう。理想を追い求めることは否定しませんが、何を優先させるか決めることが大切です。

　実際に移住して理想的な空き家改修をして暮らしている人は、まずはアパートなどの借りやすい物件に住み、地域に住みながら知人を増やし、周りの人の信頼を得て情報を集め、理想の空き家に巡り合い、手に入れる、というプロセスを経ています（空き家改修も3軒目でやっと理想的な家にできる、という説もあります）。地域に馴染みながら、理想の暮らしをじっくりと作り上げていくという、ゆったりとした心構えも田舎暮らしには欠かせない要素かもしれません。

空き家を見学する時はココをチェック！

Point 空き家になる家には、空き家になる理由がある。
地理、地形、気候風土、家屋の状態など、しっかり見極めよう！

屋根

屋根は落ちていないか？瓦（茅葺）の状態はどうか？可能であれば雨の日や台風の後に雨漏りをチェック。天井や屋根の垂木、野地板にカビや変色がある場合は注意が必要です。

家の傾き

柱と建具（襖や障子）の間の隙間の開き方を見れば、柱の傾きが分かります。
見学先では、あらゆる建具を動かしてみましょう。

水まわり

長年使われていない空き家の場合、水まわりに問題があることがほとんどです。トイレやお風呂はもちろん、お湯が出るか、排水先はちゃんとあるかなどをチェックしましょう。

境界線

移住後のトラブルで多いものの一つが土地の境界です。現在の境界線と昔の境界線があるので要注意。家主さんにしっかり確認しておきましょう。

排水路

雨が降った後、水はどこに流れるでしょうか？家の外回りを一周して雨水の行き先を確認しておきましょう。

土台や柱の根元

床下、屋根裏、浴室、畳の裏など湿気の多い場所はどこでもシロアリの棲みかになる可能性があります。床下を覗き込んでチェック。

車で入れるか？

改修するためには、重たい荷物や材料を搬入する必要があり、車が入れるかどうかは重要なポイントです。

周辺環境

近くに水田や川、森があると湿気が多くなります。また中山間地域には杉や桧の植林地が多いので、花粉症の人は要注意。

Point 雨の多い時期や積雪の時にこそ、地域や暮らしの実状が解る。
あえて悪い気候の時にこそ、直に見ることも必要です！

空き家チェックリスト

P●● は本書で説明があるページです。どんな改修が必要なのか読んでイメージしてみよう。

□ 雨漏りと家の状態チェック

外観

□ 家の管理状況は？ ……………………管理されている家ほど状態が良い

　　　　　　　　　　　　　　　　　（定期的に窓を開けるなど、どのぐらいの頻度で管理されているか？）

□ 家の周りの湿気は？ P51-52 …湿度が高いと柱や床組みが腐りやすく、基礎の沈下の恐れも…

　　　　　　　　　　　　　　　　　（特に家の北側のほか、斜面や森が迫っていれば要チェック）

□ 屋根の勾配は？ P44 …………緩い勾配の屋根には雨漏りが多い

　　　　　　　　　　　　　　　　　【　急勾配　・　普通　・　緩い勾配　・　平らな屋根　】

□ 屋根の材質は？ P44 …………トタン、セメント瓦は雨漏り要注意、屋根の改修も必要かも

　　　　　　　　　　　　　　　　　【　和瓦　・　セメント瓦　・　トタン　・　その他　】

□ 屋根の状態は？ …………………屋根が古い場合は雨漏り要注意、屋根の改修の必要性も判断しよう

　　　　　　　　　　　　　　　　　（以前、屋根を葺きかえたのはいつか？）

□ 雨どいの状態は？ ………………雨どいが機能していないと家の周囲に水が落ち、地盤の湿度が高くなる

　　　　　　　　　　　　　　　　　（ゴミが詰まっていないか？壊れていないか？排水路はあるか？）

□ 外壁の材質は？ P60 …………外壁の材質や状態により、改修の必要性を判断しよう

　　　　　　　　　　　　　　　　　【　モルタル　・　サイディング　・　焼板　・　その他　】 …

□ 土壁のぐらつきは？ P56 ………手で押してぐらぐらする場合は、思い切って改修してみよう

内観

□ 天井裏の状態は？ P78〜 ……………………屋根の下地・天井などに雨漏りのシミがないか？

　　　　　　　　　　　　　　　　　　　　（天井にある点検口から屋根裏を覗く、和室がある場合は
　　　　　　　　　　　　　　　　　　　　　押入れの中の天井の一部が外れるようになっている）

□ サッシまわりの状態は？ P80 ………………冬の結露以外で濡れるのは、ほとんどが雨漏りによるもの

□ ベランダの状態は？ ………………勾配がなく、雨漏りの原因になりやすい場所

□ 壁・床・クロスの状態は？ P72〜 …………局所的なカビが生えてないか？　濡れていないか？

□ 増築部とのつなぎ目の状態は？ ………………増築している場合、既存部分のつなぎ目の処理をチェック

□ 家の傾き、ゆがみはないか？ P36、P51-52 ……柱や床に水平器（もしくはさげふり→P36）を当ててみる
　　　　　　　　　　　　　　　　　　　　建具を閉めて隙間をチェック

□ シロアリチェック

□ 床　P61～　…………ブカブカするところがないか？ギシギシと音がしないか？

□ 壁クロス　…………カビが生えていないか？

□ 水まわり　P82～　……特にお風呂まわりの木が腐っていないか？

□ 庭の木　…………白アリに食べられていないか？

□ クロアリ　…………家の中にクロアリがいないか？

□ 羽アリ　…………家の周辺に羽アリが居ないか？羽がたくさん落ちていないか？

□ 木屑　…………家の中や外に木屑が落ちていないか？

□ 柱・梁など　P53～　……木部を叩いたとき"空洞音"がしないか？

□ ご近所　…………近隣にシロアリ消毒をした家はないか？

□ 水まわり設備チェック

水　道　P82　【　公共上水道　・　簡易水道　・　井戸水　・　山水　・　共同管理　・　その他（　　　）】

排水先　P86～　【　公共下水道　・　農業集落排水　・　合併処理浄化槽　・　側溝　・　なし（　　　）】

トイレ　P86～　【　水洗　・　簡易水洗　・　汲取り式　・　その他（　　　　　　　　　　　　　）】

風　呂　P90　【　ユニットバス　・　五右衛門風呂　・　その他（　　　　　　　　　　　　　）】

台　所　P84　【　流し台　・　システムキッチン　・　土間　】

風呂の給湯　【　電気　・　ガス　・　灯油　・　薪焚き　・　なし　・　その他（　　　　　　　）】

台所の給湯　【　電気　・　ガス　・　簡易給湯器　・　灯油　・　なし　・　その他（　　　　　）】

ボロボロの古民家を安く買って、時間と費用をかけて全体的にすっかり改修するのか、
高くてもソコソコきれいな古民家を買って、部分的に手軽に改修するのか、
どんな改修、住まい、暮らしを目指すのかイメージしながら、空き家をチェックしよう！

こんな時は「建築確認申請」が必要！

　建築基準法において、改修工事に伴う「建築確認申請」が必要か不要かを判断しないといけません。「建築確認申請」とは、その建築が構造上、防火上、安全であるか、また利用者にとって安全で快適な建築であるか、そして特に街中の中古物件の場合、改修工事によって周囲に影響を及ぼすような安全性の確保されない建築物にならないかどうか、建築基準法上の基準にのっとって確認するものです。詳しくは建築士に相談してください。ここでは概要を説明します。

　「建築確認申請」が必要か不要かは、❶その建物が建っているのがどのような地域か（「都市計画区域内」「準都市計画区域内」「都市計画区域外」「防火地域」「準防火地域」のどの区域にあてはまるか。各市町村の役所の建築指導担当課で調べることができます。）と、❷どのような建築行為を行うか、で決まります。ここでは一般的な住宅について「建築確認申請」の要（●）・不要（ー）を表にまとめておきます。建築行為がどのような工事であるかは、右ページを参照してください。

❷ 建築行為 ＼ ❶地域	防火・準防火地域	都市計画区域内 準都市計画区域内	都市計画区域外
新築	●	●	ー
増築・改築・移転	●	●	ー
10㎡以下の増築等（※）	●	ー	ー
大規模の修繕 大規模の模様替	ー	ー	ー
上記以外の工事	ー	ー	ー

※ 10㎡以下であっても、都市・準都市計画区域内で「新築」する場合は建築確認申請が必要です。
※ 必ず、最新の建築基準法を各市町村で確認してください。

注意 空き家を借りる時に注意するポイント

　空き家を借りる場合、修繕が必要な箇所が出てきた時に、誰が負担して直すのか貸主と決めておくことが重要です。安い家賃で貸してもらえる場合、借り手が直すこともありますが、水まわりなどの修繕は時には多額の経費がかかる場合があります。また、せっかく手間やお金をかけて直しても、賃貸では返却を求められることもあるので要注意。こういったトラブルを避けるために、契約は口約束でなく書面に残すことが重要です。不動産会社などに仲介してもらえるとなお良いですが、難しい場合は貸主としっかり話し合い、契約書を作成して交わすようにしましょう。

建築行為の分類

新築		建築物のない更地に建築物を作ること
増築		敷地内の既存建築物の延べ床面積を増加させること
改築		建築物の一部または全部を除去した後、従前の用途（使い方）、構造、規模と著しく異ならない建築物を作ること
移転		同一敷地内で建築物を移転すること
大規模の修繕		建築物の性能や品質が経年変化により劣化した部分の過半について、既存のものと概ね同じ材料に取り替えること（例：屋根の瓦を新しい瓦に葺き替える）
大規模の模様替		建築物の性能や品質が経年変化により劣化した部分の過半について、既存のものとは異なる仕様に取り替えること（例：屋根瓦を鋼板葺きに葺き替える、外部に板を張る）

増築＋大規模の模様替
既存の建物に増築し、
屋根を瓦から鋼板葺きに

改修する前に専門家に相談しよう！

Point　いろんな人に相談すると仲間ができる。改修は人生を充実させる時間。

至急に改修を要する箇所の有無、工事の手順

　空き家を購入する前に、まず専門家（建築士や大工、不動産関係者など）に状態を見てもらい、至急に改修を要する箇所がないか確認してもらいましょう。雨漏りなど早期に修繕が必要な部分を放置すると、家屋全体に悪い影響を及ぼすことがあるからです。建築士さんに依頼すると、家の状態とどんな暮らしを望むかを照らし合せ、予算内でどのような改修ができるか提案してもらうこともできます（相談料がかかることがあります）。また、工事の手順（優先順位など）については、現場を知っている建築士さんや大工さんにアドバイスいただくと良いでしょう。セルフリノベーションの先輩にも見てもらい、改修や費用について相談してみても良いかもしれません。

リノベーションの全体像の把握

　住まいの改修を考えるとき、場当たり的な改修では、長く快適に過ごせる空間になりません。どんな暮らしがしたいのか想像し"暮らし方"や"動線"を考慮しながら全体像を描いて設計することが重要です。この作業、実は素人にはなかなか難しいものです。下記の項目と含め、プロの建築士さんに相談することをおススメします。相談時には必ず、セルフリノベーションでの改修を考えていることを伝えましょう。相談料がかかることもあります。

構造的な相談

　柱や梁の位置を変えたり、家全体の傾きの補修などの構造的なことも、建築士さんなどの専門家に相談することが必要です。耐震性能が気になる場合も建築士さんに相談すると良いでしょう。市役所に相談すると無料で耐震診断が受けられることもありますが、改修費用の補助は限られています。全体的な計画の中で対策を講じることが必要です。

電気設備、上下水道の接続

　電気工事は電気工事士が行わなくてはならない工事です。上水道工事のメーターの設置は自治体が指定する専門業者でないとできません。下水道工事は砂等が混入すると地域全体の洗浄が必要になるなど周辺への影響があるため、公共下水道への接続についても自治体が指定する専門業者に依頼する必要があります。

セルフリノベ本

空き家改修に取り組む時に、参考になる
勉強になる、おすすめの本を紹介します。

「100万円の家づくり」ー自分でつくる木の棲み家
小笠原 昌憲（著） 自然食通信社

この本があれば家が建つ！？当会の
セルフビルド塾生みんなのバイブル
になりつつある、著者おススメの一
冊。自給的な暮らしの実践について
も書かれています。

「350万円で自分の家をつくる」
畠山 サトル（イラスト・文） エクスナレッジ

豊富なイラストと写真で一軒の
家ができあがっていく過程を体
感できます。新築セルフビルド
の本ですが、空き家改修に必要
な知識が満載です。

「木の家リフォームを勉強する本」
「木の家リフォーム」プロジェクト（編）
一般社団法人 農山漁村文化協会

自分スタイルの家にリフォームする
ための、改修プロセスはどのような
ものか、住まい手が知っておくべき
リフォームのポイントはどこか、専
門的に解説されています。

「おさまり詳細図集 ①木造編」
筋野 三郎（著） 畑中 和穂（著） オーム社

木造工法の現在、最も多く用い
られている各部のおさまり例
を、実用本位に摘出して、要点
を述べてあります。専門書。

「住まいの解剖図鑑」
増田 奏（著） エクスナレッジ

住宅設計の現場には家づくりの先人
たちが積み重ねてきた知恵や工夫、
心憎いまでの「ふつう」がありま
す。それらのエッセンスを、分解・
抽出した"住宅版・解体新書"。

「木造建築の木取りと墨付け」
田處 博昭（著） 藤澤 好一（監修） 井上書院

木造建築における基礎技術や、
木取りと墨付けについての基本
事項から道具のメンテナンスま
で、豊富な図を交えて解説した
入門書。加工技法の中に封印さ
れてきた大工の知恵を明らかに
した貴重な記録。

そもそも"家"とは

　僕は茅葺きの古民家を自分で直していた7年間のうち、5年間は家の前にテントを建てて暮らしてい
ました。始めはキャンプ用のテントでしたが、雨漏りがひどく布団は濡れ、苦しくつらい思い出しかあ
りません。次はホームセンターで見つけた軽自動車を停めることのできるかまぼこ型のテントの中で暮
らし始めました。外は単管で組んだ骨組みに屋根の材料である茅（かや）をくくりつけ、雨、風、雪を
しのげるようにしました。中はビールケースの上にタタミを敷いて、冬は薪ストーブを焚いて…それは
本当に快適な「家」でした。

　独身だったからできた、その快適生活は「家とは自然から身を守るシェル
ターである」というごくあたり前のことを僕に知らしめてくれたのです。今
でこそ気密性だの、断熱性だのと言っておりますが、いざとなればどこでで
も生きていける、という自負だけはこれからも持ち続けていたいものです。

平面図を起こそう！

　改修するに当たり、平面計画や資材の調達、排水の計画などを図面上で検討する必要があります。立面図や断面図は難しいとしても、平面図はポイントをつかめばイラスト程度の図面を描くことができます。

① 5mm角の方眼用紙を用意します。

② タタミ1枚を2×4マスとしてまず和室を描いてみます。
　　木造家屋はタタミ1枚を基準に柱が配置されていることが多いので和室から見える柱と壁を描いてみましょう【図1】。

③ 次にこの和室の隣の部屋を描きます【図2】。
　　縁側や押入れなど奥行きもタタミ1枚分（2マス）のことが多いです。

④ 最後に外から柱の本数と図面の外壁まわりの柱の本数が合っているかどうかを確かめて完成です！
　　完成した図面をコピーして何枚もああでもないこうでもないと台所の位置を変えたり、お風呂に脱衣室をつけてみたりと空想にふけるのが楽しいです【図3】。ぜひチャレンジしてみてください。

【図1】和室を描いてみよう

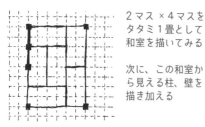

2マス×4マスを
タタミ1畳として
和室を描いてみる

次に、この和室から見える柱、壁を描き加える

【図2】和室の隣の部屋も描いてみよう

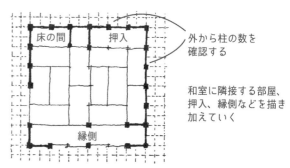

床の間　押入

外から柱の数を確認する

縁側

和室に隣接する部屋、押入、縁側などを描き加えていく

【図3】イメージをふくらませよう

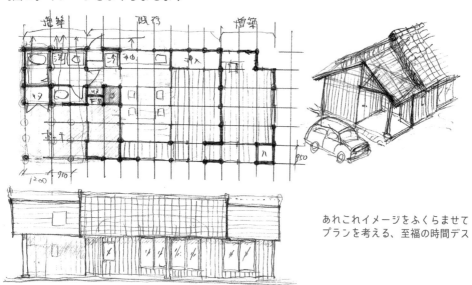

あれこれイメージをふくらませて
プランを考える、至福の時間デス

おすすめ！平面プランアイディア

① 水まわりはなるべく1つのゾーンに
　台所や風呂、トイレ、洗面所、洗濯などのいわゆる水まわりは1つのゾーンに集約する方が良いです。
　理由は給水や排水計画がシンプルにまとめやすいからです。

② 玄関や土間、ポーチは広く
　田舎の家は玄関が広くできています。近所
　の人との語らいの場所であったり、収穫し
　た作物を広げたり、雨にぬれたカッパを干
　したり、半屋外のスペースは暮らしの幅を
　大きくしてくれます。

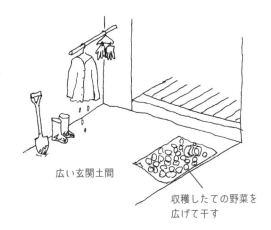

広い玄関土間

収穫したての野菜を
広げて干す

③ トイレはリビングから少し離す
　僕の実家がそうなんですが、食卓に面してトイレのドアがあるのです。お客さんが来た時なんか用
　を足す人も、外にいる人も気まずいのなんのって。音もニオイもダダ洩れなんです。

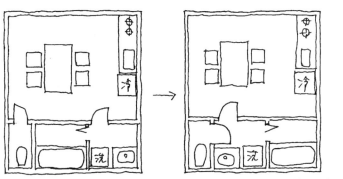

気まずい実家のトイレ　　　　　　　　トイレまでひとつドアを挟むと良い

④ 寝室が2階なら、2階にもトイレがあると便利
　年をとるとトイレが近くなります。特に寒い冬には、1階まで降りてトイレに行くのは、なかなか
　つらいものです。僕の家は小さい2階建てですが、2階にもトイレをつけました。
　これがなかなか便利で、住んでいる本人は大満足なのであります。

古民家と文化

ジャンフィリップ・ボーデ

古民家は、存在するその土地特有の伝統と文化を生き抜いた、いわば証人といえるものです。古民家の損失は無機質な近代建造物の増加に繋がり、地方というアイデンティティーやルーツが失われかねません。たとえ建造技術的価値が低かったとしても、環境保全という観点では価値の高いものが古民家です。重要建造物周辺に位置する古民家は特にそうでしょう。両建造物が集合し、共存しているからこそ景色として成立しているのです。

日本における遺産保護に対する水準は極めて低い、ないしは皆無といえます。殆どの自治体は（寺や神社、屋敷など）重要とみなす建造物単体の保護を画策するも、その周りは気にも留めません。

一方、フランスでは文化遺産の半径500mに含まれる建造物を保護する法律（1943年2月25日公布）が存在します。しかし、仮に同法律を日本で公布するには個人が持つ建造物に対する所有権の概念を変える必要があります。

私たちは、いったい家のどこまでを所有しているのでしょうか？

家の外観は、外から見えることから環境の一部であることは容易に想像できます。一軒の家でありながら、村という集合体の一部であり、周りと調和を図り共存しています。個人の家も環境の一部と考えるなら、環境保全は国だけの役目ではなく、住まう個人の協力意識と努力次第となります。

故意に文化財を損傷する（寺の柱にオイルをかけるなどの）行為はもちろん文化犯罪に値しますが、先祖代々受け継がれてきた家を破壊する行為もそうではないでしょうか？

近年、少しずつではありますが日本は観光に力を入れ始めています。すでに日本を知る多くの海外の観光客は、日本本来の魅力を求め田舎に足を運んでいるのも確かで伝統と環境の保全は、いままで国から放置されてきた自治体の経済発展の要となりうるチャンスだと期待できます。

古民家の改修や家を新築する場合、その場所に根付いている文化や伝統を継承しながら行うべきだと私は思っています。さもなくば文化的背景における混沌を招き入れ、地方性/土地柄は失われていくでしょう。

私にとって古民家の改修とは、棟上げ当初の状態に近づけることです。古民家は存在しているだけで芸術と呼ぶにふさわしいものです。漆喰-土壁-木の柱-木の天井-木や和紙、ガラスを用いた建具など、自然素材で建てられた日本家屋の壁や地面に装飾は基本的に必要ありません。家の造りは気候や立地、住民とその地の土地柄がつくってきたものです。もちろん古民家にモダンな内装を施すことも可能ですが、数日で住み飽きるリスクに加え、家に宿ってきた精神は失われます。敷地内の草を刈り、伸びたツタを外し、外壁や屋根の維持をすることは、基本的で重要な作業です。

キッチン、トイレ、風呂場といった水まわりには近代の快適さを求めてもいいかもしれません。しかしその他にいたっては棟上げ当初にはなかった材質を取り外し、オリジナルの状態に近づくことを目指しています。棟上当時の建具はリサイクルし、なければ特注します。水まわりの備品に加え、建具は唯一の内装工事における大きな出費となります。

キッチンには昔の炊事場が残っているかもしれませんが、取り壊さず周りに新しく設置したい。昔のトイレは外にありましたが、今はもちろん中が好ましいでしょう。

私の住む町では、昔、外壁によく黒い漆喰を施していました。おそらくそれは新築の木材が明るく色鮮やかで、黒漆喰がいいコントラストを成していたのだと思います。年月が木材に黒い光沢を与えている今、私は真っ白な漆喰が好きです。

大きな古民家を改修したゲストハウス（写真はエントランスの改修）

ジャンフィリップ・ボーデ氏 プロフィール：
1949年ボルドー（フランス）生まれ。10才で鳥小屋の壁を彫刻し芸術に目覚める。医大で学びながらボルドーのエコール・デ・ボザール（1969-1972）の彫刻家アレクサンドル・カレードを師とし、徐々にルネッサンス時代の彫刻作品に惹かれていく。23歳の時に日本美術を学ぶため来日。結婚後、現在はフィギュラティヴ・アート彫刻家として日本とフランスを往き来しながら活動中。徳島県美波町、日和佐にて古民家ゲストハウスオーナーでもある。

第2章

さぁ、空き家の現場へ行こう！

2012年7月8日　五右衛門風呂のリフォーム

工具について

　空き家の改修に必要な工具を紹介します。便利な道具がたくさんあって、ついつい買い揃えてコレクションする人も多いです。僕の場合、引退された大工さんと知り合って譲っていただいた大工道具があったり、一時的にしか使わない物は、空き家改修仲間で貸し借りし合っていることもあります。よく使う道具はしっかりお金をかけて自分に合う物を購入し、メンテナンスすることが大切ですが、全て新品購入するのではなく、フリマサービスなども利用して経費を節約することもできます。

差金 さしがね

cm 表記と寸表記のものがあります。
古民家は「寸」で建てられているのであしからず（1 寸≒30mm）。

メジャー

5.5mのものが必要
幅太のものが曲がりにくく
作業効率 UP

鋸 ノコギリ　¥2,000〜

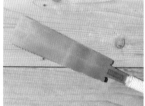

縦引き、横引きの 2 種必要。替刃式が◎ →P38

玄翁 げんのう

軽すぎず、重すぎないものを選ぼう。

釘抜き くぎぬき

70cm の大サイズと
25cm の小サイズがあると良い。

鑿 ノミ　¥4,000〜

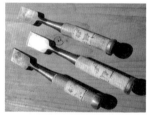

5分、1寸、1寸5分（1寸≒30mm）サイズがあると概ねOK
鑿は一生の道具。できれば金物屋で購入されたし。

墨つぼ

長い直線を引くための道具。

水平器

柱や床の垂直・水平を測る。

鉋 かんな　¥5,000〜

高級品を買うともったいなくて使わない（笑）。
5,000 円くらいの物で十分！

電動丸ノコ　￥20,000〜

木材の切断全般に使用。必需品です。

インパクトドライバー　￥25,000〜

電動でネジを回す工具。一般的に六角軸のビットを接続して使用します。充電式と AC100 の２種類あると便利です。

長尺棒　￥5,000〜

長さ〇mmと測ることだけではなく「そのものの長さ」を現物測定できる定規。リフォームには必需品です。

電動鉋　でんどうかんな　￥40,000〜

建築部材の表面仕上げに用いる工具。台鉋は四角形の木製の台（鉋台）の中に刃を組み込んだ鉋。電動かんなは 1mm 未満の切削もできる高精度な工具で、荒れた表面の整形や長さ / 厚さの微調整がおこなえる。替刃式が便利。

角ノミ盤　￥40,000〜（中古等）

ホゾ穴などの四角い穴をあける電動工具。日本伝統の軸組みでは角材に四角い穴を掘る作業が多く、非常に時間がかかるうえに大変な作業なので、本格的な改修をする場合は必需品。

レーザーレベル　￥20,000〜

水平垂直のラインを出す道具。ビルを建てるわけではないので、ホームセンターのもので十分！

電気ドリル　￥20,000〜

木やコンクリートに穴をあける道具。正逆回転できるものが良い。

ディスクサンダー　￥10,000〜

コンクリートブロックや鉄筋などを切断する道具。刃を変えることで研磨などもできる便利道具。

砥石　といし　￥2,000〜

鑿や鉋の刃を研ぐことも習得して欲しい技術です。

腰袋　こしぶくろ　￥2,000〜

たくさんの道具やビスを持ち運びできる。これを腰にまけば、見た目は大工さんです！

資材を調達しよう！

Point　ホームセンターが安い。やっぱり安い。

　資材の調達先はいろいろあります。大型のホームセンターは手軽で便利ですが、この機会に地域の金物屋や製材所などをのぞいてみてはどうでしょうか。地域で頑張ってる企業さんには必ずなんらかの魅力があります。道具や家づくり、地域のウワサなど、いろいろ教えてもらえるかも。

ホームセンター

　ほとんどの材料が購入できます。ホームセンターにあるものだけで小屋が建つと言っても過言ではありません。木材などは安く購入できます。一方で、専門的な道具類については、専門店で購入した方が良い場合もあります。ホームセンターによっては簡単な加工をさせてもらえるお店もあり、大きいものを購入したときには、運搬用に軽トラを貸してもらえる場合もあります。

金物屋、建材屋

　工務店等で使われる資材を扱っており、ホームセンターにはない専門性の高いものを購入できます。工具や道具、鍵、溝フタ等の金物、塗料に工事用コーンなど様々物が揃っています。個人商店では、お店の人に専門的な相談にのってもらうこともできます。

木材店、製材所

　ホームセンターにないような太い部材や大きい材料が欲しいとき、大量に購入したい場合などに利用すると良いでしょう。どんな樹種や部材を扱っているかはお店によって異なります。企業との取引しかしていない場合もあるので、個人にも販売してくれるかどうか確認したうえで訪れましょう。

建具屋、古材屋

　建具屋さんは木製建具や障子、ふすま、扉などを扱っています。古い建具のガラスを交換したい時などは修繕をお願いしましょう。古材や古道具はネットショップで探す人が多いかもしれませんが、実店舗で営業されているお店もあります。古くから営まれている、知る人ぞ知るお店などは見所満載です。ぜひ探してみてください。

いろんな人に相談しよう！

Point　ネット検索も良いけど、相談するといろいろつながる！

改修はひとりや家族だけでやっていると、その道のりの長さに途方にくれたり、滅入ったりすることもしばしば…。そんな時に相談できたり、作業を手伝ってくれる仲間がすごく頼りになります。友達でなくても、地域の人や知り合い、地域の大工さんなどに、改修していることを積極的に話したり、いろいろ相談してみましょう。きっと力になってくれると思います。

大工さん、左官屋さん

昔は集落に大工さんや左官屋さんがひとりは居て、地域内で家造りを請負い、改修や手直しなども手がけていました。左官屋さんは土壁塗りの他に、お風呂やおくどさんなども作っていました。今でも集落の中を探せば、個人で営まれている職人さんや、引退された大工さんなどが居られます。地域の方を訪ね、話を聞きに行ってみてください。今は過去となりつつある、地域の山の木を伐って柱や梁などに使った、昔ながらの家づくりの話が聞けるかもしれません。

（お話が得意でない職人さんも居るので、地域の方から事前にしっかり情報収集しましょう）

セルフリノベーション経験者

僕が住んでいる滋賀県高島市には、自分で家を改修したり新築したセルフリノベーション経験者がたくさんいます（第3章参照）。改修への取り組み方や家づくりに対する考え方は人それぞれですが、同じことに興味がある仲間と盛り上がれるのは、とても楽しいことです。改修方法を教え合ったり、道具を貸し借りしたり、情報交換したりして得るものがたくさんあります。

最近はセルフリノベーションやセルフビルドをしている人も多くなってきたので、あなたの住む地域にもきっと経験者がいるはずです。空き家改修を具体的に考えている方は、共感できそうな人を見つけて、ぜひ相談してみてください。相談にのってくれ、いろんな情報を教えてくれるはずです。

講座やワークショップ

僕は年に数回、空き家改修の講座やイベントの講師をしています。近年はDIYで家を直すワークショップなどが各地で行われていますので、そういったイベントに積極的に参加して、背中を押してもらってください（笑）。

2010年セルフビルド塾

2012年空き家改修塾

2017年空き家の直し方講座

はじめる前に計画づくり

まずは解体から！　　　　　　　　　　　　　　　　　　　　　　いよいよ、技術が必要な木工事！

空き家改修の工程表	外部工事	屋根 外壁 外構		外壁・屋根　解体 傷みがあるところは 思い切って解体しよう		屋根工事 P44〜 大敵の雨漏りは 早く直しておく	
	内部工事	天井 壁		天井・壁　解体 不要な壁、傷んだ壁、壊しまくるべし	レベル 出し P36	柱・梁　木工事 P38〜 専門業者にお願いするもよ	
		床		床　解体 ぶかぶかする床、壊しまくるべし			床組み P61〜
		建具		建具はずし 使えそうなものは残しておこう			サッシ取 P80〜
		棚など 造作					
	設備工事	キッチン 風呂 トイレ		蛇口はずし 使えそうなものは残しておこう	合併浄化槽　設置 P86〜	ユニットバス　設置 P9 床下配管 P82〜	
		電気		スイッチ類はずし 必ずブレーカーOFF！			
		ガス					

空き家改修の進め方の概要を示した工程表です。工事をはじめる前に、この工程表も参考にしながらスケジュールを立てると、資材や道具の準備などがスムーズになります。
天候や空き家の状態によって、時間がかかること、思うように進まないこともたびたびです。
入居したい時期が決まっている場合は、充分に余裕をもってスケジュールを立てましょう。

塗装、左官など丁寧さを大切に！　　　　　　　　　　　　　ここまできたら入居可能　▼

外壁工事 P56〜60

塗装工事
天気の良い日にぼちぼちしてください

防湿シートや外壁は
建具が入ってから

その他の工事

外構工事

分でするもよし

内壁取付け
P72〜

天井工事
P78〜

塗装
漆喰や珪藻土
を塗る前に
塗装は
済ませておく

左官工事 P77
鏝ムラを楽しんでください

フローリング張り P67〜
一番楽しい作業かも

内装仕上げ

畳入れ

内部建具、
レール、枠、取付け

内部建具
取付け

棚などの造作工事

説明書を見ながら設置できる

工事までに改修計画を決めておく、床組みする前に配管は済ませておく

キッチン
便器 設置
P84,89

電気配線 P91〜
解体・配線は自分で、接続は専門業者に依頼

照明器具
スイッチ
取付け

ガス配管
専門業者にお願いする

住みながら改修できる部分もありますが、余裕をもった計画を！

33

解体しよう！

Point すべては壊すことからはじまる。

セルフリノベーションの極意である

　セルフリノベーションの極意とは？　と尋ねられたことはないのですが、お答えします。「壊すこと」です。理由は壊したら（誰かが）必ず直さないといけないからです。「壊す」と必ず「直る」ということです。冗談のようですが、これマジです。

壊すことでスイッチが入る

　さらにもう一つ、壊すことで建物の仕組みがわかります。建物が作られていく逆の手順で壊していくことになるので、工事の順序がわかるのです。

　そして何より、汗と埃にまみれドロドロになったことで、出来るかどうか？！という不安が吹き飛びます。もう、やるしかないのです。

はずせるものをはずしていく

　解体に先立ち、まず、はずせるものははずしていきましょう。

【建具】
襖や障子、扉などは蝶番のビスをはずします。

【コンセント、スイッチ】
【重要】必ず電源の元を OFF にしてから作業を始めること。

【キッチン、トイレ、洗面器などの設備機器】
水道栓や台所の流し台、洗面台などは、ビス穴カバーをはずせば取付けビスがあります。同様に水洗便器も取りはずせます。おまけに取り付け方まで知ることができちゃいます！

安全な工事は足元から

　古民家は床がブカブカで、歩くのも不安なことが多いです。解体はまず床をはがし、根太（ねだ）や大引き（おおびき）が腐っていたら、それらの床組も解体します。地面にはたくさんの束石（つかいし）があるのでそれも運び出しましょう。足元を安全にすると安心だし、工事がはかどります。
（床組みについては P61 参照）

天井

　雨漏りで腐っていなければそのままでもOKですし、古民家ならではの太い梁を見せたければ、床の次に解体します。埃がすごいのでマスクとゴーグルを。

屋根

　家にとって最大の敵は雨漏りです。雨漏りしているところから家は腐っていきます。応急的でも良いので、まずは雨漏りを止めることが重要です。何よりも先に、屋根の部分的もしくは全面的な改修を行いましょう。（→P44）

　瓦から鋼板製の屋根材に変える場合は、瓦をすべて落とし、ブルーシートをかけ、風で飛ばないように木を当ててビス止めし、工事中でも雨漏れがないようにします。くれぐれも高所での作業にはご注意を。雪の降る地域だと雪の重みで軒先が折れている場合もあります。（→P50）

壁

　外壁、内壁ともにまずは仕上げ材をすべて取り除きます。古民家では内装に化粧ベニヤを張っている場合が多く、それを剥がすと土壁が出てきます。

　土壁を手で押してみてグラグラ動くようであれば、解体する方がいいかもしれません。グラグラしてないけれど、穴が空いてる場合は補修で穴をふさぐことができます。

　築年数が経った古民家では、土壁の中の骨組みである竹小舞が腐り、壁の耐久性が期待できない場合も多いです。

　手間と時間がかかりますが、壁土は再利用できるので、解体するときに土のう袋などに分けておきましょう。（→P56）

バール（釘抜き）のつかい方

　理科で習った「てこの原理」を活かして釘を抜く道具です。釘に気付かず、ノミやカンナを入れると刃が欠けたりします。できるだけ釘は先に抜いておきましょう。

　錆びた釘は、一度ゲンノウで叩くと抜けやすくなります。

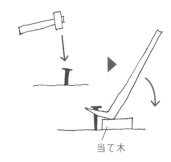

当て木

使えそうなものは取っておく

　建具や土壁の土、板材などなど、腐っていない資材は再利用できますので、雨にかからないところに保管しておきましょう。瓦などはガーデニングなど別の用途で活かすこともできるので、あれこれ考えるのも楽しいですね。

水平・垂直を確認しよう！

　柱の根元が腐ったり、土台の石が沈んだりして家が傾いていると、襖などの建具が開きにくくなります。知りたくないですが、この家がどれくらい傾いているか事前に調べてみましょう。

柱の傾きを見る

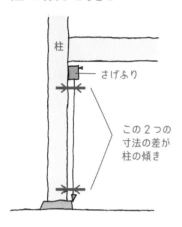

柱

さげふり

この2つの
寸法の差が
柱の傾き

柱

柱が傾いている
と、襖などの建
具と柱の間にス
キマができる

さげふり

柱の沈下　柱材の根元が腐っている場合

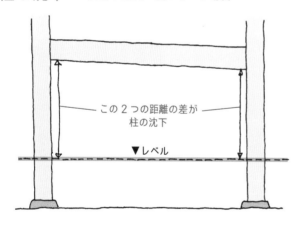

この2つの距離の差が
柱の沈下

▼レベル

柱の根継ぎ

プロにまかせるところ

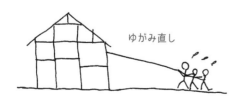

ゆがみ直し

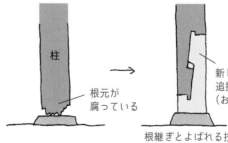

柱

根元が
腐っている

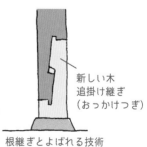

新しい木
追掛け継ぎ
（おっかけつぎ）

根継ぎとよばれる技術

36

水盛管
みずもりかん

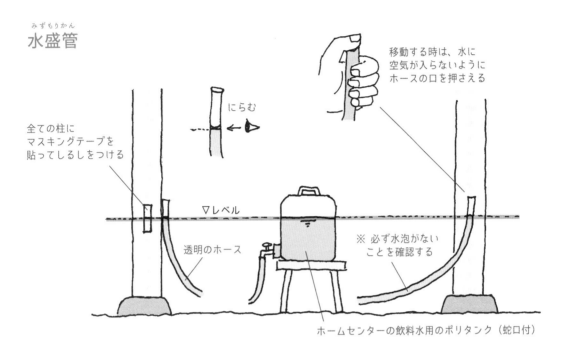

移動する時は、水に
空気が入らないように
ホースの口を押さえる

にらむ

全ての柱に
マスキングテープを
貼ってしるしをつける

▽レベル

透明のホース

※ 必ず水泡がない
ことを確認する

ホームセンターの飲料水用のポリタンク（蛇口付）

レーザーレベル

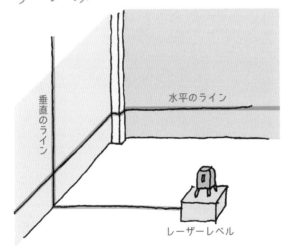

垂直のライン

水平のライン

レーザーレベル

水盛管

レーザーレベル

　レベル（＝水平のライン）を出すことは工事を進めていくうえで最も
重要です。傾きをチェックする、床をつくる、窓を付ける、などなど、
完成まで何度もレベルをチェックするのです。水盛管はリーズナブルで
すが、手軽さでいえばレーザーレベルが一番扱いやすく、すぐれモノです。

墨付けと刻みの基本

　木材というのは自然素材ゆえ、丸み
があったり、曲がっていたり、太さも
少しずつ異なります。そのため、木材
を加工する時には必ず材料の芯（＝中
心線）で寸法を考えていくのです。
ほとんどの墨付けは「芯から○○mm」
となります。

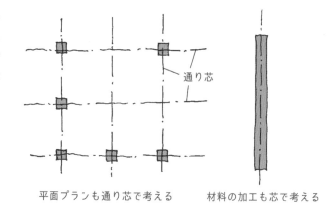

平面プランも通り芯で考える　　材料の加工も芯で考える

ホゾとホゾ穴のつくり方

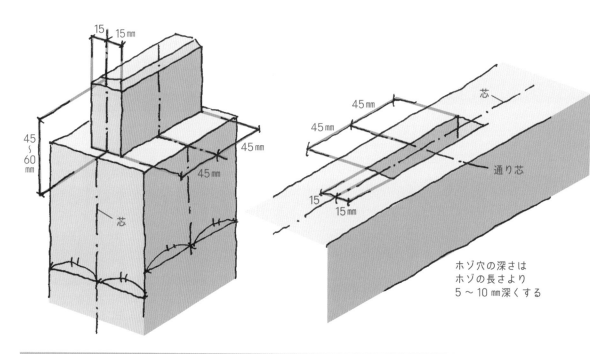

ホゾ穴の深さは
ホゾの長さより
5～10mm深くする

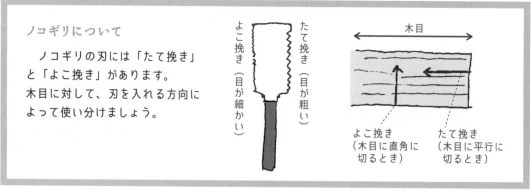

ノコギリについて

　ノコギリの刃には「たて挽き」
と「よこ挽き」があります。
木目に対して、刃を入れる方向に
よって使い分けましょう。

よこ挽き（目が細かい）

たて挽き（目が粗い）

木目

よこ挽き
（木目に直角に
切るとき）

たて挽き
（木目に平行に
切るとき）

〈ホゾの作り方〉

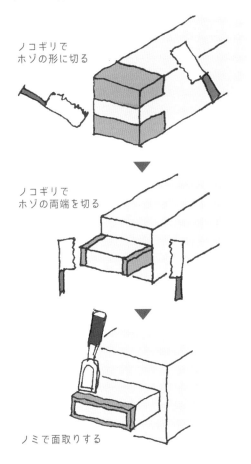

ノコギリで
ホゾの形に切る

ノコギリで
ホゾの両端を切る

ノミで面取りする

〈ホゾ穴の作り方〉

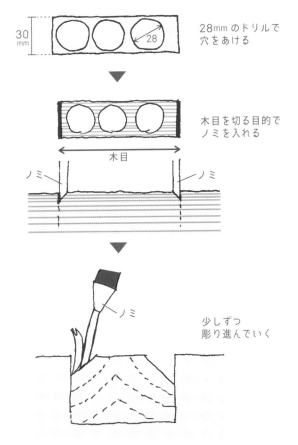

30mm

28

28mmのドリルで
穴をあける

木目を切る目的で
ノミを入れる

木目

ノミ　　　ノミ

ノミ

少しずつ
彫り進んでいく

墨付け

ノコギリで加工している様子

ノミで加工している様子

角ノミ盤は便利です

蟻継ぎ、鎌蟻継ぎ、追掛け継ぎ

ありつ　かまありつ　おっか

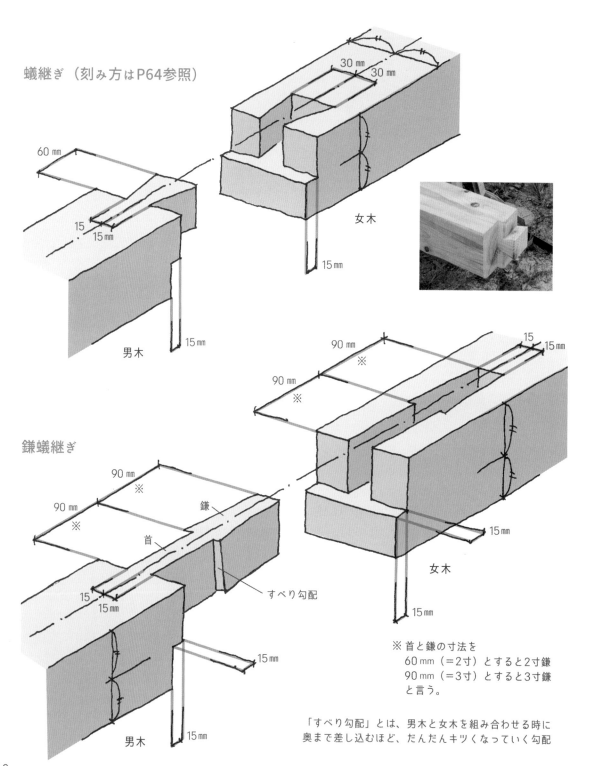

蟻継ぎ（刻み方はP64参照）

30 mm
30 mm

女木

60 mm

15
15 mm

男木

15 mm

15 mm

鎌蟻継ぎ

90 mm
※
90 mm
※

15
15 mm

女木

90 mm
※
90 mm
※

鎌

首

すべり勾配

15
15 mm

15 mm

15 mm

15 mm

男木

15 mm

※ 首と鎌の寸法を
　 60 mm（＝2寸）とすると2寸鎌
　 90 mm（＝3寸）とすると3寸鎌
　 と言う。

「すべり勾配」とは、男木と女木を組み合わせる時に
奥まで差し込むほど、だんだんキツくなっていく勾配

鎌蟻継ぎの墨付けと刻み

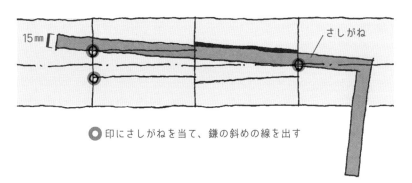

15 mm

さしがね

◉印にさしがねを当て、鎌の斜めの線を出す

〈鎌蟻継ぎの男木〉

〈鎌蟻継ぎの女木〉

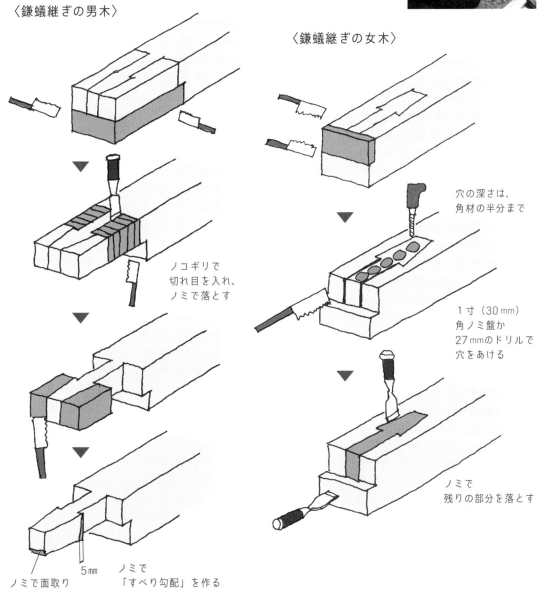

ノコギリで
切れ目を入れ、
ノミで落とす

穴の深さは、
角材の半分まで

1寸（30 mm）
角ノミ盤か
27 mmのドリルで
穴をあける

ノミで
残りの部分を落とす

ノミで面取り

5 mm

ノミで
「すべり勾配」を作る

追掛け継ぎ

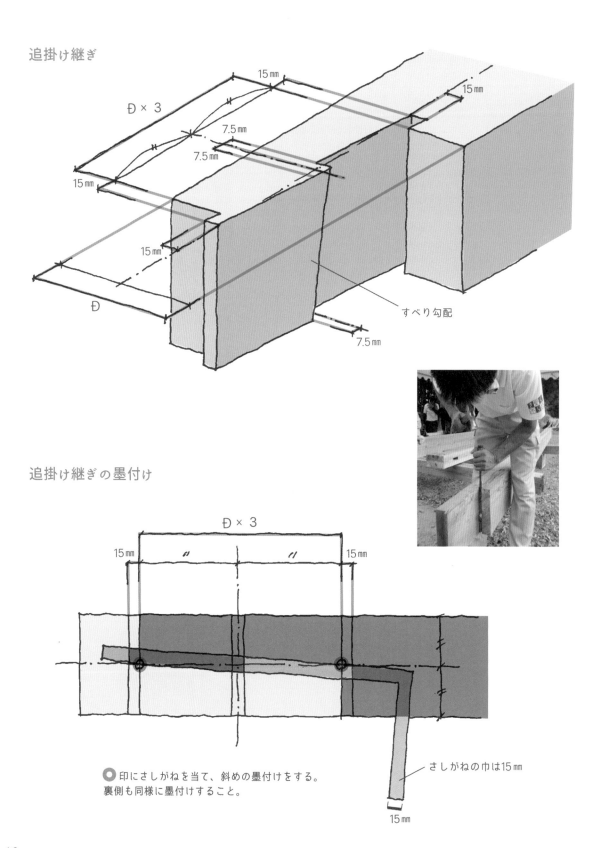

Ð × 3

15㎜

15㎜

Ð

7.5㎜

7.5㎜

15㎜

15㎜

7.5㎜

すべり勾配

追掛け継ぎの墨付け

Ð × 3

15㎜　〃　　　　〃　　15㎜

さしがねの巾は15㎜

15㎜

◎印にさしがねを当て、斜めの墨付けをする。
裏側も同様に墨付けすること。

追掛け継ぎの刻み方

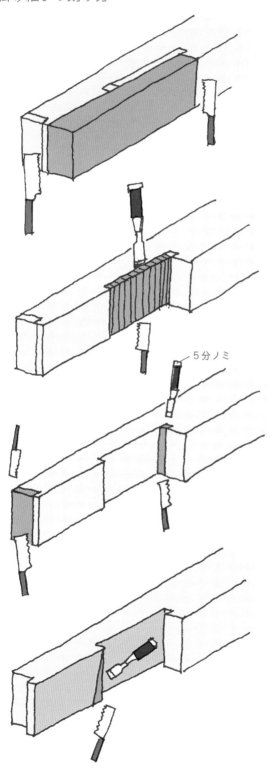

ノコギリで切り落とす。
丸ノコの場合は両側から刃を入れる。

細かくノコギリを入れて
ノミで切り落とす。

5分ノミ

先にノコギリで切り込みを入れてから
ノミで少しずつ落とす。

「すべり勾配」をつける。
░░ 部分にカンナをかけて平らにする。

男木も女木もまったく同じ。

屋根工事

Point 水は上から下へ流れる。施工は下から上へ進める。

　「家の傷みは雨漏りから」です。チェックリストにも挙げたように、雨漏りがあるかないかは重要なチェックポイントです。また積雪の多い地域や、近年の気候変動によるものか、普段降らない地域でも大雪により、軒先が雪の重みで折れてしまうことがあります。

　屋根を改修する場合、①傷んだ箇所をなおす、②屋根の仕様を変える、2通りのケースが考えられます。古民家の屋根の仕様は「茅葺き」「瓦葺き」「金属板葺き」「スレート葺き」と種類が多く、高度な技術に加え、高所での作業に伴うリスクもあります。本書では、過去の改修の事例を挙げていますが、専門家に依頼することも考えておきましょう。

雪で折れた軒先

安全の為には足場をレンタルすると良い

1. 屋根のしくみ

　屋根の仕上げ材をはがしてみると茅葺き屋根を除いて、一般的な屋根のしくみはほぼ共通です【図1】。

【図1】屋根と小屋組み

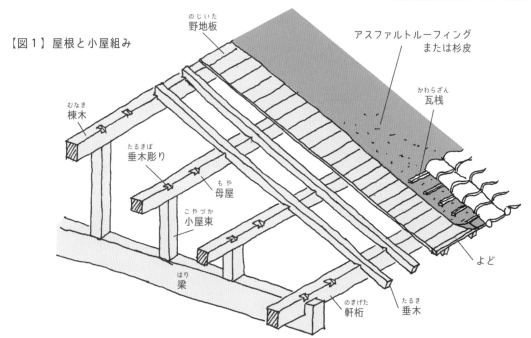

のじいた
野地板

アスファルトルーフィング
または杉皮

かわらざん
瓦桟

むなき
棟木

たるきぼ
垂木彫り

もや
母屋

こやづか
小屋束

よど

はり
梁

のきげた
軒桁

たるき
垂木

2. 瓦葺き屋根
かわらぶ

　屋根に上がっていつも感じることですが、瓦1枚ずつをそれぞれ少しずつ重ねているだけなのに、なぜ雨漏りしないのか？　代々伝承されてきた瓦の技術と知恵に感心させられます。【図2】のように、瓦の下にはもう1つの防水層があり、2重のガードで家を雨から守っています。

　部分的に割れた瓦は交換することができます【図3】。特に古い瓦葺きの場合、瓦の据わりを良くするためになじみ粘土を敷いている場合があります【図4】。そしてその土の下は防水層の役目として、アスファルトルーフィング（または杉皮）が敷かれています。長い年月でこの防水層が機能しているかどうかは、正直わかりません（笑）。

　次に、棟瓦（むねがわら）です。【図5】のように壁土や漆喰（しっくい）を盛りつけて、何枚も、のし瓦を重ね、屋根瓦との隙間に漆喰を埋めています。仕組みは非常にシンプルなので、チャレンジする価値はありそうです…が、重い瓦やなじみ粘土を持ってハシゴを上がったり下りたりする覚悟は必要です。

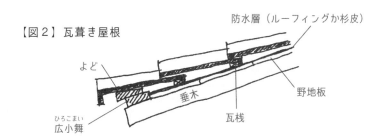

【図2】瓦葺き屋根

防水層（ルーフィングか杉皮）

よど

垂木

瓦桟

野地板

ひろこまい
広小舞

【図3】割れた瓦を取り替える

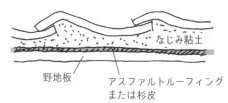

釘を抜くと瓦は外れる

割れた瓦

釘打ちもしくは針金で
固定されている場合がある

【図4】なじみ粘土

なじみ粘土

野地板

アスファルトルーフィング
または杉皮

【図5】棟瓦納まり
むねがわらおさ

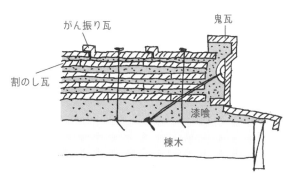

がん振り瓦

鬼瓦

割のし瓦

漆喰

棟木

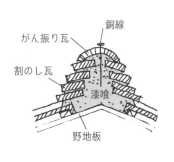

銅線

がん振り瓦

割のし瓦

漆喰

野地板

3. 金属板葺き

　瓦葺きの場合、屋根の総重量は相当なものです。地震などの横揺れに対して頭が重いので倒壊のリスクもあります。瓦の傷みが激しく、総葺き替えということであれば、重量の軽い金属板葺きに屋根材をつけ替えることも選択肢の一つとして考えておきましょう。

　現在では、金属板はガルバリウム鋼板（アルミニウム・亜鉛合金めっき鋼板）がコスト的にも耐久性にも優れ、総合的に良い素材と言われています（瓦葺きの歴史は法隆寺など奈良時代700年代〜、ガルバリウム鋼板屋根の歴史は1980年代〜なので、耐久性の実証については歴史が浅いといえます）。

　屋根の寸法を板金屋さんに伝えて材料を調達してください。施工も板金屋さんの手伝いという形で一緒に施工する方法がいいかもしれません。

　本書では「たて葺き」と「横葺き」、「波板葺き」を紹介します。

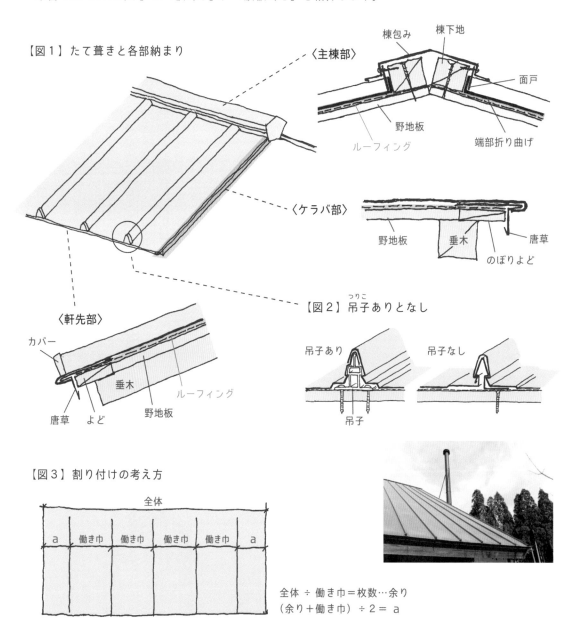

【図1】たて葺きと各部納まり

〈主棟部〉　棟包み　棟下地　面戸　野地板　ルーフィング　端部折り曲げ

〈ケラバ部〉　野地板　垂木　唐草　のぼりよど

〈軒先部〉　カバー　垂木　ルーフィング　唐草　よど　野地板

【図2】吊子（つりこ）ありとなし

吊子あり　吊子なし　吊子

【図3】割り付けの考え方

全体　a　働き巾　働き巾　働き巾　働き巾　a

全体 ÷ 働き巾＝枚数…余り

（余り＋働き巾）÷ 2 ＝ a

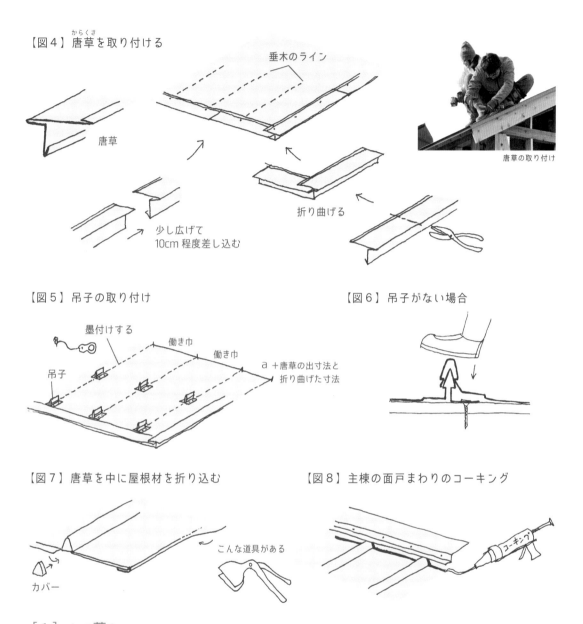

【図4】唐草を取り付ける

垂木のライン

唐草

少し広げて
10cm 程度差し込む

折り曲げる

唐草の取り付け

【図5】吊子の取り付け

墨付けする

働き巾

働き巾

吊子

ａ＋唐草の出寸法と
折り曲げた寸法

【図6】吊子がない場合

【図7】唐草を中に屋根材を折り込む

カバー

こんな道具がある

【図8】主棟の面戸まわりのコーキング

コーキング

［1］たて葺き

　【図1】のように棟から軒先まで1枚の部材を寸法に合わせて作ってもらいます。屋根の取付け方は吊子のあるものとないものがあります【図2】。

　ポイントは屋根材の割り付けです。両端の部材が同じ長さになるようにしましょう【図3】。

① まず、軒先部とケラバ部に唐草と呼ばれる役物をビス止めします【図4】。

② 吊子がある場合は吊子をビス止めします。この時、屋根材の働き巾に合わせておきます【図5】。
　吊子がない場合は墨付けをしておくと作業が楽です。墨付けしたラインに合わせて、屋根材を1枚
　ずつはめていきます【図6】。

③ 軒先とケラバは唐草に巻き込んでかしめ（継ぎ目を工具で固く密着させ）ていきます【図7】。

④ 主棟は面戸板と主棟包みを一緒に下地にビス止めします。

⑤ 仕上げに面戸まわりをコーキングします【図8】。

［2］横葺き

　【図9】のように一枚の屋根材は一定の寸法になっており、軒先から順番に横へ張り進めていきます。ビスは必ず垂木に打つようにしましょう。

【図9】横葺きの金属板

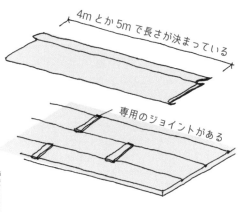

4m とか 5m で長さが決まっている

専用のジョイントがある

【図10】横葺きの張りの進め方（例）

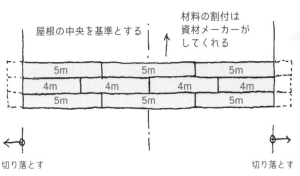

屋根の中央を基準とする

材料の割付は
資材メーカーが
してくれる

5m	5m	5m
4m	4m	4m	4m
5m	5m	5m

← 切り落とす　　　　　　　　　　切り落とす →

必ず垂木に
専用ビスを打つ

垂木のライン

しっかり
差し込む

当て木

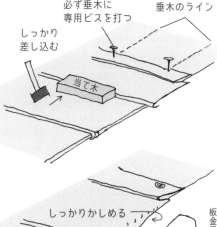

しっかりかしめる

板金用曲げばさみ

はじめは当て木をして
玄翁で叩いて曲げる

【図11】ケラバ加工手順

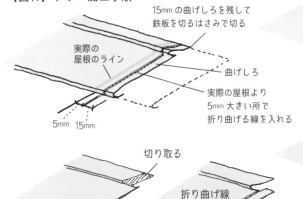

15mm の曲げしろを残して
鉄板を切るはさみで切る

実際の
屋根のライン

曲げしろ

実際の屋根より
5mm 大きい所で
折り曲げる線を入れる

5mm　15mm

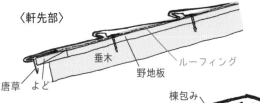

切り取る

折り曲げ線

曲げしろ

〈軒先部〉

垂木

野地板

ルーフィング

唐草　よど

棟包み　棟下地

〈主棟部〉

野地板

端部折り曲げ

ルーフィング

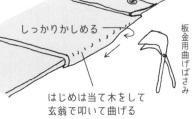

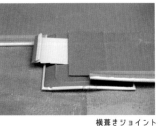

横葺きジョイント

［3］波板葺き

　【図12】のように波板とは、いわゆるトタンのことです。最もコストパフォーマンスに優れ、最も安っぽく見える屋根です（笑）。材料がすべてホームセンターで手に入るので、使い勝手は良いのが何よりの長所です。ただし、違うホームセンターで買うと波の大きさが異なり、波の重なりが合わないことがあるので要注意です。倉庫などに多く用いられるほか、簡易な庇（ひさし）や下屋（げや）の屋根材として適しています。透明な波板を使うと、上からも光を取り入れることができます。

【図12】波板葺き

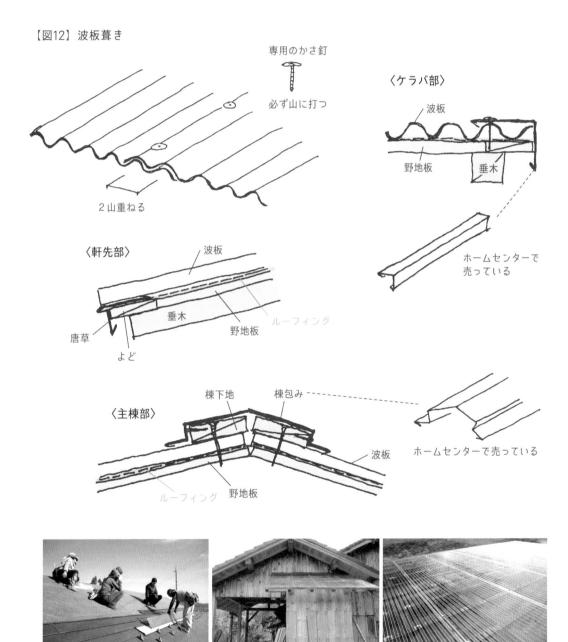

金属板葺き（横葺き）

透明な波板でトップライトもできる！

[4] 折れた軒先を直す

雪の重みで折れてしまった軒先を直しましょう。

① まず折れてしまった部分の屋根瓦を外します。折れていない
   垂木の中央で広小舞、よど、野地板を切断し、取り外します。
   奥行きは軒桁から1本目の母屋までです【図13】。

② 折れた垂木の横に新しい垂木をビスで止めます【図14】。

③ このとき、面戸（めんど）を切ったり母屋や軒桁に刻まれている垂木彫りの刻みをします【図15】。

④ 面戸、広小舞、よどを新たに作りつけ、野地板を張ります。アスファルトルーフィングなどの防水
   シートを貼っている場合は、既存のシートの下に差し込んでタッカー止めします【図16】。

⑤ 瓦桟を止めて瓦を葺き直します。落ちて割れてしまった瓦は新しい瓦を買うか、解体現場で古瓦を
   もらってくるかします。瓦の大きさや形に注意して同じ大きさ、形の瓦を手に入れてください。

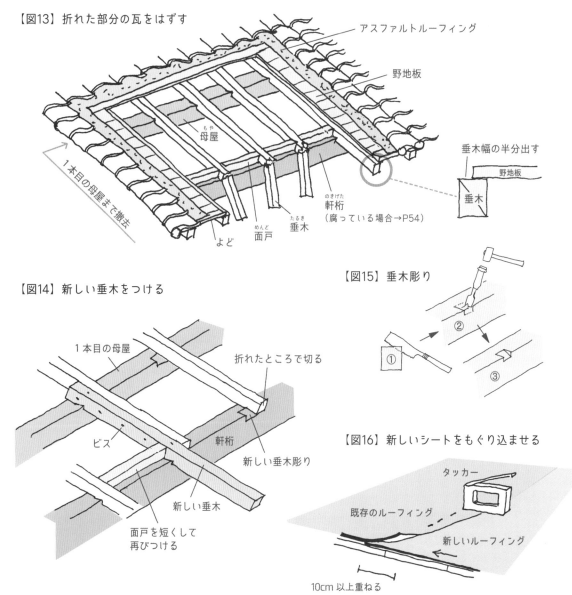

【図13】折れた部分の瓦をはずす

アスファルトルーフィング

野地板

1本目の母屋まで撤去

母屋

よど

面戸

垂木

軒桁（腐っている場合→P54）

垂木幅の半分出す

野地板

垂木

【図14】新しい垂木をつける

1本目の母屋

折れたところで切る

ビス

軒桁

新しい垂木彫り

新しい垂木

面戸を短くして再びつける

【図15】垂木彫り

①

②

③

【図16】新しいシートをもぐり込ませる

タッカー

既存のルーフィング

新しいルーフィング

10cm 以上重ねる

基礎の沈下の対処方法

Point 家のまわりを低くして、湿気を防ぐ

昔の家は基礎石の上に建てられています（いわゆる束石）。長い年月のなかで、家の重さ等の影響により、その基礎石が沈み、柱や床が傾き、襖や障子が開かなくなる原因となります。

特に山あいの集落では、どうしても日当たりの悪い山の斜面ギリギリに建てたてる家が多いので、湿気が多く、よくある問題です。

古民家購入時には家の中や家のまわりをしっかりチェックし、心配であれば専門家に見てもらうなどして、改修の必要性や費用も考慮して検討してください。

基礎石の上に建つ家

昔、家を建てる時は、まず基礎として大きな石を据えたのですが、その下の土はしっかり突き固められていました。大黒柱などの主要な柱の基礎石は、このようにしっかり据えられていたと思いますが、外壁まわりの柱の基礎石が、ここまでしっかり設置されていたかどうかは微妙です（笑）。加えて、特に山際の家では湿気も手伝って地盤が軟化し、沈んでしまったと考えられます。

基礎石の沈下イメージ

積雪

水

傾く

湿気を含む

沈下

基礎石の設置イメージ

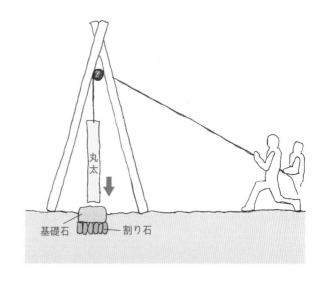

丸太

基礎石 —— 割り石

解決策① 排水溝を掘る

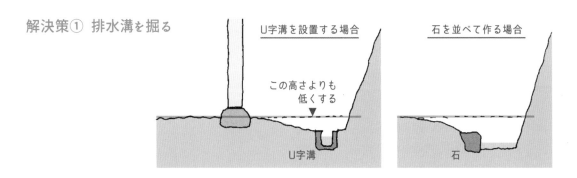

U字溝を設置する場合

この高さよりも
低くする

U字溝

石を並べて作る場合

石

解決策② 基礎石を補強する

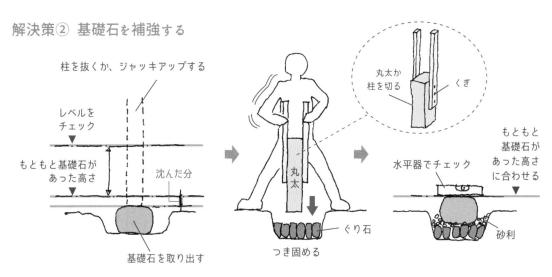

柱を抜くか、ジャッキアップする

レベルを
チェック

もともと基礎石が
あった高さ

沈んだ分

基礎石を取り出す

丸太

丸太か
柱を切る

くぎ

ぐり石

つき固める

水平器でチェック

もともと
基礎石が
あった高さ
に合わせる

砂利

解決策③ 家を持ち上げて布基礎を作る

かなりお金がかかりますが、専門業者に依頼して、家をまるごと持ち上げ、新たに布基礎を作る方法です。家のゆがみ等を直してもらうこともできます。業者さんに見てもらい、見積りを取ってみましょう。

（→P100「地域になじみながら仲間と楽しむ空き家改修」参照）

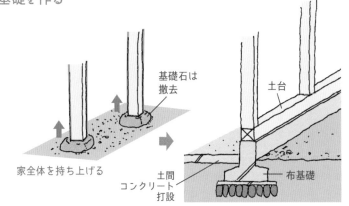

基礎石は
撤去

土台

家全体を持ち上げる

土間
コンクリート
打設

布基礎

解決策①②は、あくまで応急的なもので、根本的に解決するには③が必要です。古民家を購入する前にできるだけ家の状態をチェックし、このような改修をしてでも、そこに暮らしたいと思える家であれば、ぜひ挑戦してみてください。改修後の達成感、安心感は何物にも代えがたいものになるでしょう。

腐った柱や桁を直す

解体を進めていくにつれて見たくない光景に出会います。古民家で
多いのが、柱の根元が腐っている、雨漏りで軒桁が腐っている、など
です。湿気の多い山すそでは柱の根元が腐り、家が傾いていることが
ほとんどです。見つけたら最後、やるしかありません（泣）。

【図1】取り外せる柱と取り外せない柱

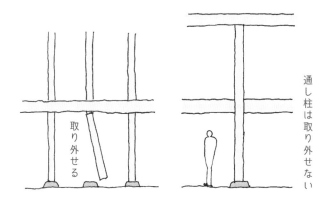

取り外せる

通し柱は取り外せない

【図2】 ダルマジャッキ

2個あると安心

【図3】柱を取り外す

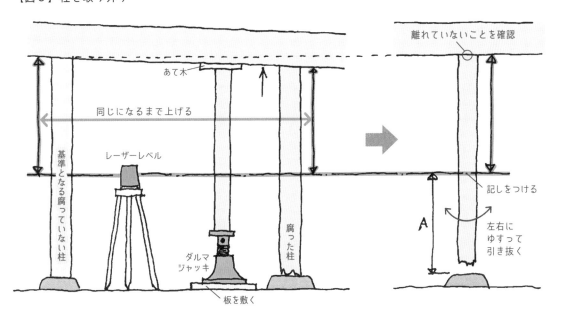

あて木

同じになるまで上げる

離れていないことを確認

レーザーレベル

基準となる腐っていない柱

ダルマジャッキ

板を敷く

腐った柱

記しをつける

A

左右にゆすって引き抜く

［1］柱の根継ぎ

　下の写真は根継ぎと呼ばれる技術です。柱には取り外せる柱と取り外せない柱があります【図1】。取り外せない柱は、迷わず大工さんに相談しましょう。取り外せる柱を「新しい柱に取り替える」または「根継ぎ」にチャレンジしたい人は、ダルマジャッキ【図2】を借りるなどして準備してください。

① 土壁を落とし、貫（ぬき）を切って、ダルマジャッキで梁（はり）を少し持ち上げます。

②【図3】のように上の梁が水平になるところまでジャッキを上げます。

③ 梁が水平になったところでレーザーレベルの位置を柱に記します。レーザーレベルから土台の石までの寸法（＝A）を計っておきます【図4】。

④ 柱を左右にゆすると少しずつホゾが抜けて、柱を取り外すことができます。

⑤ 取り外した柱に墨付けをして刻みましょう（P42参照）。【図4】の根継ぎのイメージで。

⑥ 見事完成した柱を元に戻します。ジャッキで少し持ち上げホゾを差し込み、かけやで叩き、少しずつ入れます【図5】。柱の立ちを見ながらジャッキを下げます。

　ちなみに大工さんは取り外せない柱をそのまま立った状態で根継ぎをしてしまいます。スゴイ…。

根継ぎ

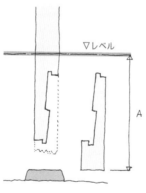

【図4】根継ぎイメージ

▽レベル

A

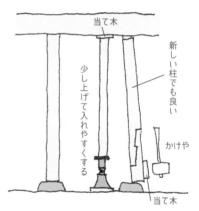

【図5】根継ぎした柱を入れる

当て木

少し上げて入れやすくする

新しい柱でも良い

かけや

当て木

［2］腐った桁（けた）を替える

　雨漏りのひどい部分の屋根をめくると、垂木を支える桁という部材があります（P44参照）。長年雨漏りが続くとこの桁が腐ってしまいます。

　土壁もくずれ落ちていますが、解体の手間が省けて、これはチャンス！とばかり、腐った桁を直してみましょう。と言っても腐った部分を取り替えるだけです。

① まず、P50「折れた軒先を直す」と同様、屋根、野地板、垂木を解体します。土壁もくずれている時は一緒に解体します。

② 桁の傷み具合を調べ、腐った部分を切断します【図6】。

③ 切り落とした桁に、新しい桁を組み直す方法として「鎌蟻継ぎ」または「蟻継ぎ」という本組みを使います【図7】（墨付けと刻みはP41参照）。

　ここで注意したいのが接合部をどこにするかです。新しい桁は両端が男木なので、既存の桁は女木となります。女木の位置は柱より45cm以内を目安にしてください【図8】。

④ 入れ替えたら垂木彫りをして新しい垂木を取り付けます。あとはP50「折れた軒先を直す」を参照ください。屋根を解体せずに腐った桁を補強する方法もあります【図9】。

54

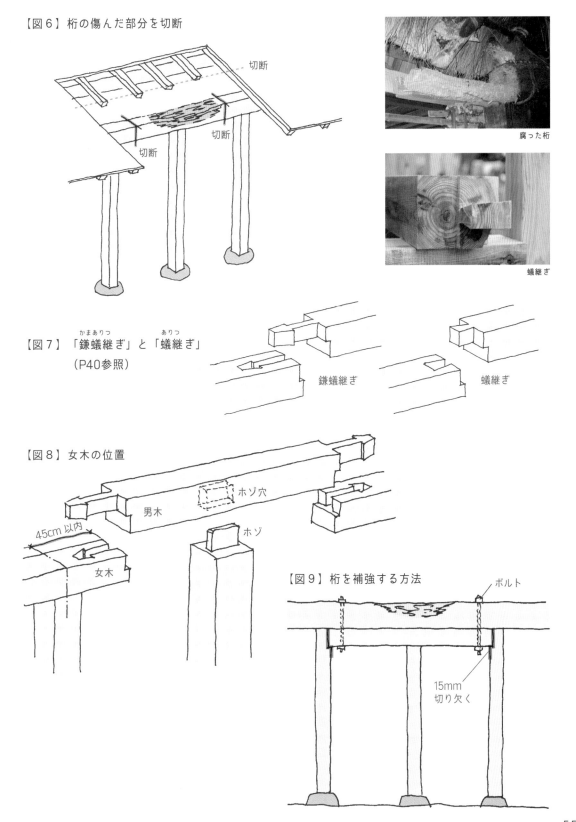

【図6】桁の傷んだ部分を切断

切断

切断

切断

腐った桁

蟻継ぎ

【図7】「鎌蟻継ぎ」と「蟻継ぎ」
　　　（P40参照）

鎌蟻継ぎ

蟻継ぎ

【図8】女木の位置

ホゾ穴

男木

45cm 以内

ホゾ

女木

【図9】桁を補強する方法

ボルト

15mm
切り欠く

土壁を直す

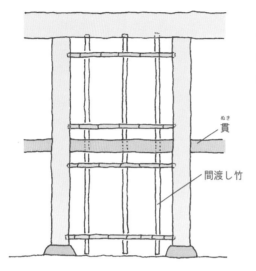

貫

間渡し竹

調湿や断熱、防火、耐震と優れた性能を持つ土壁です。古民家の壁はほとんどが土壁です。自然素材ゆえ、隙間や傷みは必ずあります。手で押してグラグラ動くなら思い切って壊してみましょう〜！

1. 土壁を壊す

釘抜き　てみ　土のう袋

上記イラストの道具を使って、土壁を壊します。「釘抜き」で壁を叩いて壊し、「てみ」で土を集めて、「土のう袋」に入れます。壊した壁土は、新しい土と混ぜて再利用するので、「土のう袋」に入れて残しておきましょう。※漆喰が塗られている場合は漆喰が混ざらないように！

2. 貫の補強

「貫」は重要な構造材です。
新しい「くさび」で補強します。
腐っていれば取り替えます。

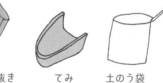

貫
くさび
くさびを打つ
新しいくさびを作る

3. 竹小舞をあむ

［1］ 竹を伐る

竹は水を吸い上げない11〜2月が伐りどきで、腐りにくい。河川敷や畑、田んぼの横などに竹藪があれば地主さんに伐って良いか聞いてみよう。「竹小舞」には、節と節の間が広い、真竹（まだけ）を使います。長さ3〜4mに伐っておきましょう。

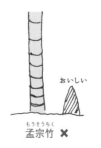
おいしい
孟宗竹 ✗

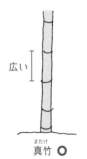
広い
真竹 ◯

［2］小舞竹をつくる

　「竹割り」を使い、竹を4～6等分（幅約 2～3 cm）に割ります。鋳物製の「竹割り」を上から落としたり、木づちで叩くと気持ちよく割れます。割った竹は鉈（なた）で内側の節を取り、面取りしておきます。

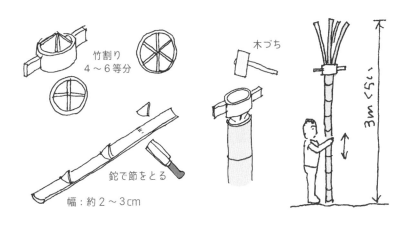

竹割り
4～6等分

木づち

鉈で節をとる

幅：約 2～3 cm

3m くらい

［3］　間渡し竹を入れる
まわた

　「間渡し竹」は「竹小舞」を支える竹で、柱に差し込み、貫に釘で固定して設置してあります。柱等に差し込むため、壁の幅より少し長い竹が使われています。右の図▶のところに設置します。壁土の重み、風の力を柱梁に伝える重要な部分です。

「間渡し竹」が設置
されているところに
は切り込み穴がある

5～7 mm

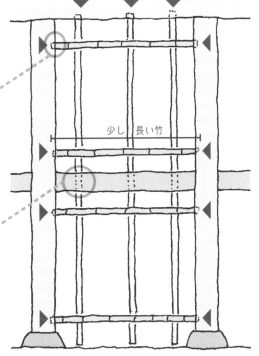

少し　長い竹

くぎ
釘

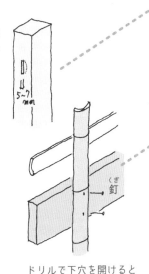

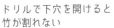

ドリルで下穴を開けると
竹が割れない

［4］ 竹小舞を編んでいく

　「間渡し竹」を基準に、間に竹を渡して縄で編んでいきます。縄はわら縄（1.5 分）、シュロ縄、ナイロン縄等径3〜5mmのものを使用してください。とにかくしっかり編んでいきましょう。

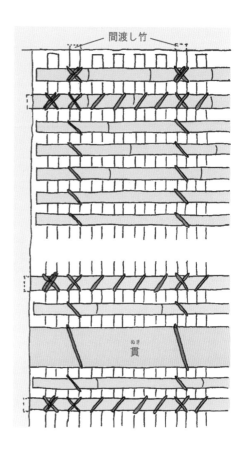

間渡し竹

貫 (ぬき)

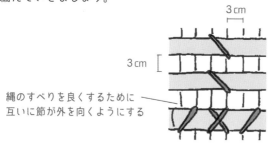

3cm

3cm

縄のすべりを良くするために
互いに節が外を向くようにする

2人で内と外で作業すると楽

3. 壁土を作る

　土壁は、荒壁→裏返し→中塗り→上塗り、の順番に進めていきます。下の表が、それぞれの工程における土の配合です。

	土	砂	わらすさ	塗り厚
荒　壁	100L	—	0.6kg	15mm
裏返し	100L	—	0.6kg	15mm
中塗り	100L	100L	0.6kg	10mm
上塗り	100L	80L	4.0kg	2〜3mm

［1］ 土

・荒壁および裏返し用の土は、粘性のある砂質粘土（山土、田土）で、15mmのふるいを通過するもの。

・中塗り用の土は6〜7mmのふるいを通過するもの。

・上塗り用の土は1.7mmのふるいを通過するもの。

・解体現場で出た壁土は、新しい山土と1：1の割合まで混合できます。
　古い土を混ぜると強度の強い壁になるそうです。

〈壁土の作り方〉

① ブルーシートでプールを作って、山土と水、わらすさを良く混ぜます。

② 水を絶やさず、足でよく踏んで混ぜます。1ヶ月もすると発酵が進んで良い壁土ができあがります。

　・壁土は買うこともできます。近くの工務店で聞いてみてください。2tダンプで2〜3万円程度（運賃込）。

［2］砂

・必ず川砂を使いましょう。川砂は壁土の乾燥収縮を小さくします。
・荒壁は中塗りの食いつきをよくする為にヒビを発生させる必要が
　あるので砂は入れません。

［3］わらすさ

・わらすさは壁土の繊維分となり、割れを防止する役目を持ちます。
・荒壁および裏返し用のわらすさは、わらを 3 ～ 9cm に切ったもの。
・中塗りの用のわらすさは、わらを 2cm 内外に切ったもの、もしくは
　わら縄を 2cm に切ってもみほぐしたものを使用します。
・上塗り用のわらすさは、わらを木などでたたき、1cm 程度に切り、
　節を取り除き、水にさらしてアクを抜いて使用します。

［4］荒壁塗り

① 荒壁塗り

　…塗り厚 15mm で竹小舞にすり込みます

押せば押すだけ反対側に出ていくので
ほどほどのコテ圧で塗っていきましょう。

② 裏なで

　…裏側に出た土を同日中にコテなでします

15mm

裏なですると、土が小舞にからみつき、
剥がれにくくなり裏返しが塗りやすい。

③ 裏返し

　…荒壁の乾燥後、小舞がかくれる程度に塗ります

荒壁塗りが乾いた時には、
しっかりヒビが入っている方が良い。
次の中塗りがよくなじみます。

［5］中塗り

・荒壁が十分乾燥した後、むらなく、厚み 10mm で平滑にコテ押さえします。
・中塗りの仕上がりは、上塗りの仕上がりに大きく影響するので、ていねいに塗りましょう。
・コテをまめに水にひたすことで、コテの滑りが良くなります。
・コテは片側を浮かせると動きが良いです。

→ 浮かせて動かす

コテを上から見たところ

［6］上塗り（詳細はP77へ）

・ホームセンター等に売っている、漆喰や珪藻土などを塗ることが
　できます。
・上塗りする壁面のまわりに、マスキングテープを 2mm 程度の隙間
　をあけて貼ります。
・塗る前に霧吹きで壁をよく湿らせてから作業に取りかかります。
　壁が水分を強く吸収するので、水分が足りないと、仕上げ塗り材が
　固まってうまくコテが動かなくなります。
・仕上げ用のコテで厚み 2.5 ～ 3 mm で塗ります。
・塗り終わったら、すみやかにマスキングテープをはがします。

外壁（板壁）を直す

木造の古い家の外壁は「スギの板張り」もしくは「トタン波板張り仕上げ」が多いです。外壁をリフォームするならば、まずはその板（もしくはトタン）をめくってみましょう。

外壁のしくみ（一例）

透湿防水シートをはる

外からの雨水を防ぎ、壁内部の湿気を外に逃がす性能を持つシートです。安く、耐久性があるので全ての住宅で用いられている素材です。継ぎ目を専用のテープでふさげば、隙間風をなくすことができるすぐれものです。

現代の家とちがって、古民家の床下の隙間はふさぐことは難しいです。土や板でふさいでもすぐにねずみなどに掘られてしまうからです（泣）。床下換気と思ってあきらめましょう。

タッカー止め

300
〜
400
mm

透湿防水シート

18×45mm
(胴縁）ビス止め

外壁の仕上げ方の種類

■ 縦張り目板打ち張り

目板

板をカットして
目板を作る

■ やまと張り

釘を打つ

木表（P66参照）を
外側にすること

■ 相じゃくり張り

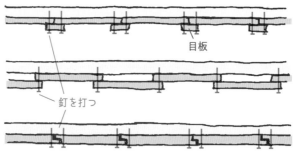

床を直す

Point 地面からの湿気をあなどるなかれ

1. 地面からの湿気を防ぐ

　解体した家の下の地面は湿っていませんか？
古民家の大半はコンクリートの基礎がなく、地面
の上に直に建っています。梅雨時などに地面から
湿気が上ってくる土地の場合、これが原因で床が
腐ってきます。

　地面からの湿気を防ぐには、
5 ～ 10cm ほど地面を堀って、
ビニール性の防湿シートを敷き
①土を埋め戻す方法と、②土間
コンクリートを打つ方法があ
ります（P51 参照）。

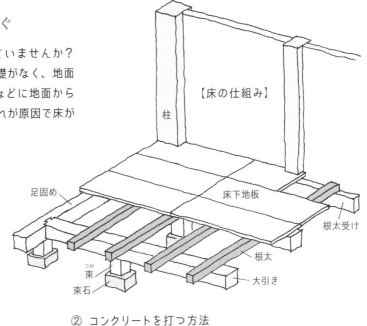

【床の仕組み】

柱　足固め　床下地板　根太受け　根太　大引き　束　束石

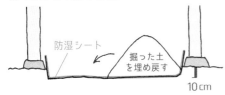

① 土を埋め戻す方法

防湿シート　掘った土を埋め戻す　10cm

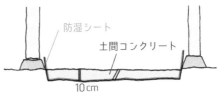

② コンクリートを打つ方法

防湿シート　土間コンクリート　10cm

2. 大引きの天端レベルを計算する

　まず、最終的な床の仕上がりの高さ（仕上げレベル）を決め、そこから逆算して「大引き」の上の
面の高さ（大引きの天端レベル）を算出します。床の仕上がりの高さが決まったら、部屋の床仕上げ
の仕様（フローリング・畳 etc）を決めます。

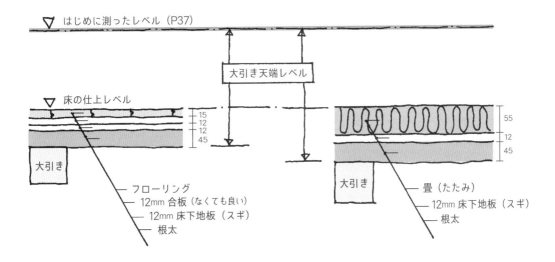

はじめに測ったレベル（P37）

大引き天端レベル

床の仕上レベル

15
12
12
45

55
12
45

大引き

フローリング
12mm 合板（なくても良い）
12mm 床下地板（スギ）
根太

大引き

畳（たたみ）
12mm 床下地板（スギ）
根太

3. 足固めを取り替える
あしがた

「足固め（あしがため）」は石の上に立っているだけの柱の、足元を動かないようにする材です。
「大引き」を受ける役目もあります。120×120mmのヒノキを使ってください。

［1］ 柱への墨付け

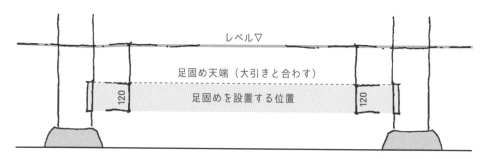

レベル▽

足固め天端（大引きと合わす）

120

足固めを設置する位置

120

［2］ 柱に切り込みを入れる

丸ノコで正確に、
柱に切り込みを入れ
ます。重要な部分な
ので慎重に！

［3］ ノミで切りかく

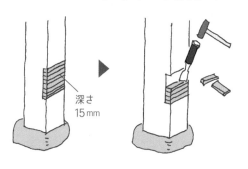

深さ
15mm

［4］ ヒノキを加工する

「大引き」には湿気に強い樹種を使う必要があるため、ヒノキを使用します。長尺棒（長く伸びる
定規）を使って現場で実寸を測り、ヒノキの角材を実寸に合わせて加工します。長過ぎると柱と柱の
間が開いてしまうので正確に。

［5］ 足固めを取り付ける

加工したヒノキを［3］で切り
かいた溝に叩き入れます。
短冊（たんざく）金物または、
仕口（しぐち）ダンパーで固定
して完成です。

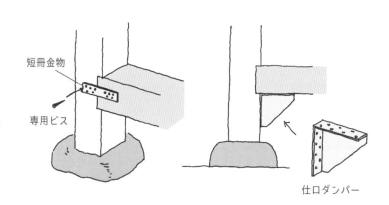

短冊金物

専用ビス

仕口ダンパー

4. 束を入れる

「束」とは「足固め」や「大引き」を支える石です。「束」は90cm間隔を目安に設置します。

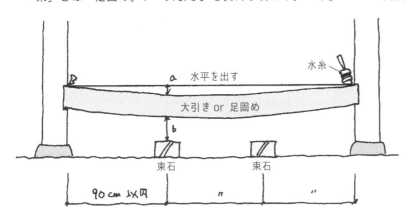

[1] 束石を置く

「束石」はコンクリートでできた12cm角の四角い石です。ホームセンターなどで販売されています。この「束石」を床下となる地面に並べていきます。下が土の場合は、できるだけ土を叩き固めるようにし、水平器を使って上の面が水平になるように置きましょう（写真）。

[2] 大引きを支える束にする

大引きと同じヒノキで、a+bの高さとなる束をつくります。「束石」と「足固め」の間に木材を叩き入れ、ビスを斜めに打って固定します。

束には防腐剤を塗っておくと良いです。

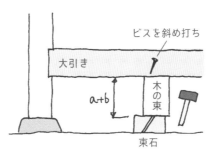

「鋼製床束」が便利！

ネジを回して簡単に高さが調整できる！

床鳴りの原因は？？？

床鳴りは束と大引きの間に隙間があることで起こります。束の施工時には隙間ができないように注意しましょう。土間が土の場合は、束石が沈下して右図のように隙間ができることで床全体が揺れることで床が鳴ります。これを防ぐためには土間をコンクリートにする方が良いかもしれません。

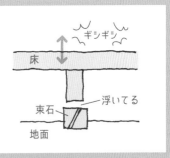

5. 足固めに大引きを付ける

あしがた

「大引き」は通常、900mm以内の間隔で付けていきます。「根太」を付けず「大引き」に直接「床下地板+フローリング」又は「厚さ30mmの厚板フローリング」を張る場合は、450mm以内の間隔で「大引き」を付けていきます【図1】。

「大引き」の材は90mm角か105mm角で必ずヒノキを使ってください。「大引き」は最終的に隠れるところなので、節（ふし）や丸みがある安い材料を注文してください。「足固め」と「大引き」の取り付けでは「蟻継ぎ」という木組みをします【図2】（P40参照）。
最後に束を入れて完成です（P63参照）。

【図1】大引きの間隔

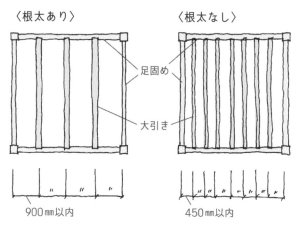

〈根太あり〉　　　〈根太なし〉

足固め
大引き

900mm以内　　　　450mm以内

【図2】蟻継ぎ

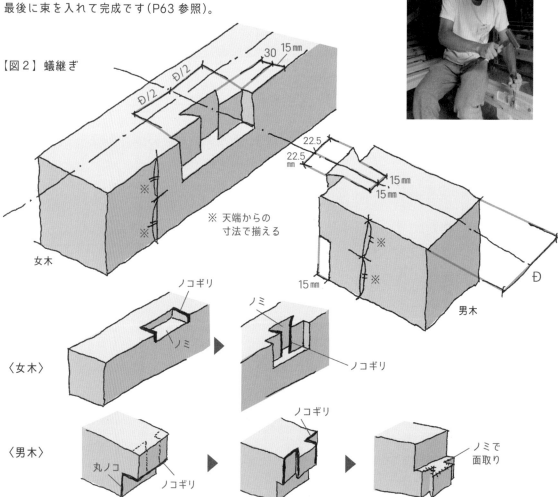

30　15mm
Ð/2　Ð/2

※ 天端からの
寸法で揃える

女木

22.5mm
22.5mm
15mm
15mm

15mm

男木

Ð

〈女木〉
ノコギリ
ノミ
ノミ
ノコギリ

〈男木〉
丸ノコ
ノコギリ
ノコギリ
ノミで面取り

6.壁際に「大引き受け」を付ける

　壁際などで「大引き」を受ける「足固め」がない場合【図1】は、「大引き受け」を付けます。
P62「3.足固めを取り替える」にあるように「大引き受け」を設置するすべての柱に深さ15mmの刻みをします【図2】。

　「大引き受け」に使う木材は「120×60mm」か「105×50mm」のヒノキです。「大引き受け」には蟻のない仕口を作ります【図3】。
材を「大引き受け」に叩き入れ、90mmのビスを4ヶ所打ってください【図4】。

【図1】足固めがない場合

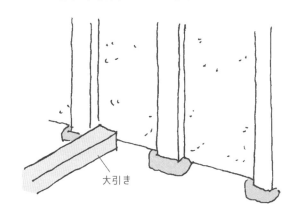

大引き

【図2】大引き受けを付ける

深さ
15mm

大引き天端ライン

105 か
120mm

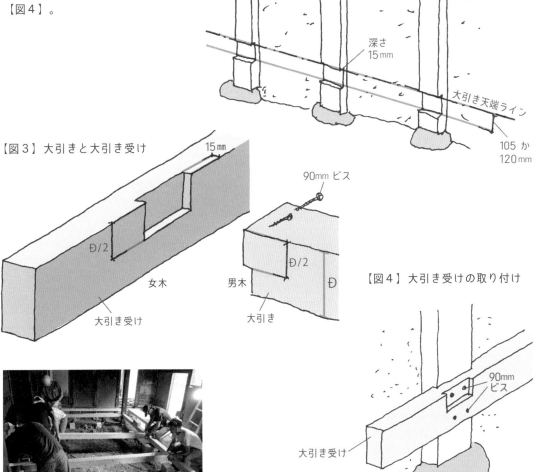

【図3】大引きと大引き受け

15mm

Ð/2

女木

大引き受け

90mm ビス

Ð/2

Ð

男木

大引き

【図4】大引き受けの取り付け

90mm
ビス

大引き受け

7. 根太をつける
ねだ

「根太」とは床板を支えるために、床の下に渡す横木です。通常、木造建築では「大引き」の上に載せ、端は「根太受け」で受けます。

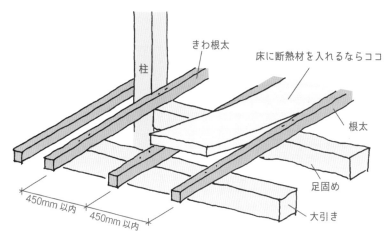

きわ根太
柱
床に断熱材を入れるならココ
根太
450mm 以内
450mm 以内
足固め
大引き

8. 床下地材を張る

「床下地材」とは文字通り、床の下地となる板材です。スギの荒板材を「根太」の上に渡し、木表（きおもて）を上にして並べ、両端をビスで止めます。

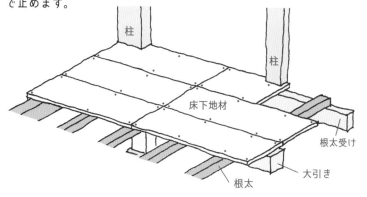

柱
柱
床下地材
根太受け
大引き
根太

木表と木裏

木表
木裏
このように反る

板には表と裏があり、樹皮に近い側を木表、芯に近い側を木裏といいます。樹皮に近い木表側の方が乾燥が早く先に縮みます。反りあがった木裏は棘が刺さりやすくなるので、人の肌に触れる側を木表にします。

床下地材には必ずスギの荒板材を使おう！！

ホームセンターなどには合板（コンパネ）が手頃な価格で販売されています。しかし安価な合板は湿気に弱く、床下地材にはおすすめできません。特に湿度の高い地域では畳のカビの原因にもなります。少し値が張っても必ずスギの板を使いましょう！板材は製材所などでまとめて購入すると安く手に入ります。

フローリングを張る

内装仕上げは床→壁→天井の順に進めます。ふさぐ前に床下に忘れ物はないか確認してください。

フローリングの種類

無垢材
（むく）

床下地材の上に厚み 12 ～ 15mm 程度の無垢の木でできた薄板のフローリングを張ります。木の肌ざわりや香りが楽しめ、使い込むほどに艶や味わいが出てきます。樹種としては、やわらかく暖かさが感じられる「スギ」や、白く美しい「ヒノキ」をはじめ様々な木のフローリングがあり、部屋の雰囲気によって選ぶのも楽しいです。無垢の木は調湿性がある（湿気を吸ったり吐いたりする）ので、快適な空間になる一方、乾燥や湿度により、隙間や歪みが出ます。特に薪ストーブの近くや床暖房をすると必ず隙間が出ます。

合　板

床下地材の上に施工します。合板は薄い木の板を接着剤で何層にも張り合わせ、均一化された商品です。安く、傷が付きにくく、施工性も良いです。乾燥や湿度による狂いが少なく床暖房をしても隙間ができにくいです。均質化された質感で木の香りはしません。

厚板無垢材

厚みが 30mm 程度の無垢の木でできた厚みのあるフローリングです。高価ですが、床下地材なしで張ることができます。無垢材と同じ長所と短所がありますが、厚みがある分、木のやわらかさや暖かさ、清々しさを最も感じることができます。

ヒノキの厚板

松の古材のフローリング

古民家風に自然塗装したスギのフローリング

1. 床合板を張る

フローリングの説明書に「下地は合板
（厚さ 12mm 以上）を」と指示されてい
る時は床下地材の上に合板（t=12）を張
ります。もちろん、床下地材の上に直接
フローリングを張ることもできます。

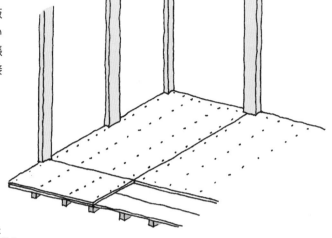

床下地材の上に
フローリングを張る

2. フローリングの割付け

仕上げに貼るフローリングの割付けをします。
部屋の巾を働き巾（はば）で割り算し、余りの長
さも考えながら、全体で使う枚数を算出します。

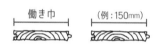

働き巾　　　（例：150mm）

（部屋の巾）÷（働き巾）＝ 枚数 … あまり

両端は $\dfrac{（働き巾）+（あまり）}{2}$ 巾のフローリングを作る

例として上記のような、内寸＝2,800mm の
部屋に、働き巾＝150mm のフローリングを
張っていく場合、
2,800mm÷150mm＝18（枚）…余り100mm
となり最後の1枚を巾100mm のフローリング
に加工しないといけなくなります。
この場合、巾150mm で17枚とし、
150mm＋100mm＝250mm
250mm÷2＝125mm を両端のフローリングと
する方法が一般的です。

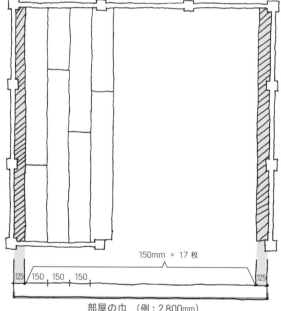

150mm × 17枚

125　150　150　150　　　　　125

部屋の巾　（例：2,800mm）

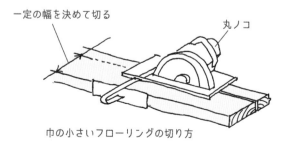

一定の幅を決めて切る

丸ノコ

巾の小さいフローリングの切り方

3. フローリングの張り方

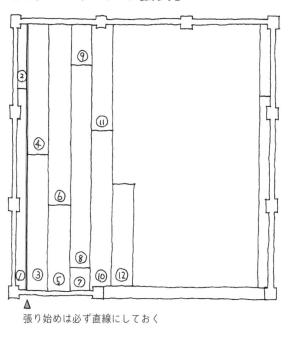

張り始めは必ず直線にしておく

① フローリングの小口の継ぎ目の処理

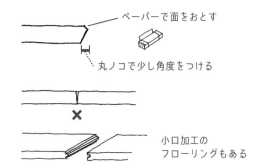

ペーパーで面をおとす

丸ノコで少し角度をつける

×

小口加工の
フローリングもある

② ボンドを塗る

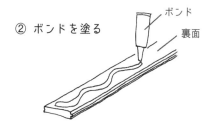

ボンド

裏面

④ フロアー釘の打ち方

釘しめ

③ フローリング設置

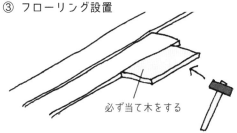

必ず当て木をする

⑤ 柱型の加工

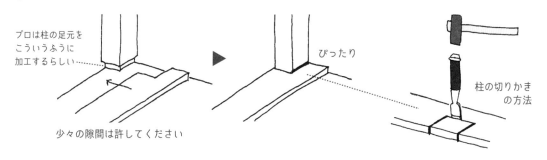

プロは柱の足元を
こういうふうに
加工するらしい

ぴったり

少々の隙間は許してください

柱の切りかき
の方法

⑥ 最後の一枚　　カット

当て木を入れて、
たたき入れる

もしくは

ボンド

加工の失敗も見込んで、
フローリングは少し多め
に注文しよう（笑）

⑦ 壁ぎわに隙間ができた……でも大丈夫！

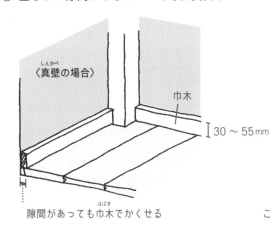

〈真壁の場合〉

巾木

30～55mm

隙間があっても巾木でかくせる

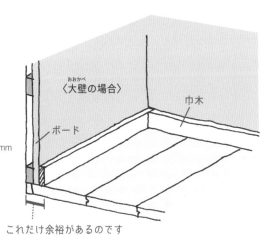

〈大壁の場合〉

ボード

巾木

これだけ余裕があるのです

床張り Before

床張り After

無垢の木のフローリングの仕上げ塗装

　無垢の木のフローリングは、経年変化により味わい深くなっていく楽しさがありますが、こぼしたシミがとれない、キズが残るなどのトラブルもあり、これらを含めて「味わい」があると言えます。無垢の木の良さを活かし、楽しむための、おすすめの仕上げ塗装を少しだけ紹介します。

〈オイル仕上げ〉
オスモ社やリボス社のオイルが有名。水がしみ込みにくくなります。ハケ塗りした後、ボロ布などで拭き取ります。

〈蜜蝋（みつろう）ワックス〉
オイル同様、塗装すると木に艶が出て、水や汚れがしみ込みにくくなります。微かに爽やかな蜜蝋の香りがします。

〈米ヌカ〉
米ヌカをさらし布などに包み、床にひたすら擦り込む方法。米ヌカに含まれる油分が木にしみ込みます。お米を原料にした自然塗料も販売されています。

〈柿渋〉
柿渋は独特の強烈なニオイが特徴ですが、最近はニオイなしのものもあります。古民家風に仕上げるなら、水に墨汁を入れた中に柿渋を入れたもの（順番を間違えるとゼリー状になる）を塗ると、被膜を形成して黒光りする床ができあがります。

家族と等身大の空き家改修

荒木 佑介

2015年9月29日、僕の誕生日に妻と子供を連れて高島市役所を訪れました。2012年に移住して以来、借家を転々としてきましたが、自分たちの持ち家の夢は諦めず、久々に定住相談の空き家紹介窓口に向かいました。そしてようやく幸運にも理想の空き家に出会うことができました。

僕、荒木佑介と妻・侑子は以前は京都に住んでいました。いつかは自然の豊かなところで暮らしたいと思い、仕事をしながら田畑の勉強に励んでいました。イベントを通じて高島の米農家さんと出会い、高島に惹かれ移住してきました。移住後は友人の家づくりを手伝ったり、セルフビルド塾に参加したり、農作業をしたり、働いたりしながら経験と出会いを貯めて夢の家探しを続けていました。

さて、一目惚れしたこの家は南向きに縁側と畑がある2階建て。倉庫もある大きな家で子供が思いっきり遊べそうな環境なのでワクワクしました。購入するにあたって床下と天井裏を隅々まで自分で見て確認しました。外観の下見もいれて3回は見に行きました。妻と熟考して納得して契約をすませました。

2016年3月、本格的に動き始めました。まず大変だったのは解体です。これはたくさんの友人が助けに来てくれました。解体は大人数をお勧めします。効率もスピードも全然違います。最初は1人で子供をおんぶしながら床を剥がしましたが、1日かけても3畳ぐらいしか進みませんでした。

次に悩んだのが間取りです。幼い子供がいるので子育てしやすい部屋作りの話し合いに時間がかかりました。簡単にまとめると、南側の和室3部屋をL字型のワンフロアにしてアイランドキッチンを置きLDKに作り替え、水まわりも新しく作り、床も厚さ30mmの杉板を敷きました。

そして僕が特に苦労したのは「時間」でした。

仕事と子育てをしながら、その合間に現場に来ての作業でした。妻も参加して最後まで一緒にやっていく予定でしたが、途中に第二子の妊娠がわかり、つわり開始でリタイアに。風呂や台所の水まわりも勉強不足で手に負えず信頼できるプロにお願いしました。なので僕たちは床張り、壁作り、壁塗り、棚作りを主に行いました。冬、雪が降る前に完成して引っ越したいと思っていたので9月は1ヶ月仕事を休み、集中して作業し続けました。早ければ朝6時から夜は10時まで。どんどん上達していきましたが毎日クタクタでした。

そんな日々でしたが妻と子供と一緒に作業できたことは大きな幸せであり、最高の思い出になりました。家づくりの主役は僕ではなく家族と思っていたので、道具に慣れていない妻にも使い方を教えて壁や床を作って貰いました。妻や子供は「手伝い」ではなく主役の1人なので効率や見栄えよりも「家族で作ること」を大切に考えました。この過程こそが自分たちの等身大の家になる大切なファクターでした。また幼い子供にも「自分でやってもいいんだよ」「楽しいよ！」「自由なんだよ」と色々な選択肢と価値観を見せられたのがよかったと思います。つまり家族での空き家改修は「家族でいることの幸せ」という普遍的なテーマを突き詰めたもののひとつでした。

等身大の家はとても住みやすく思い出の詰まった住み処になりました。そしてたくさんの友人に手伝ってもらった箇所を見ると家の材料は木や土や金属の他に「思い出」もあるんだなと強く思いました。最後に素人の僕たち家族を助けてくれたプロの素敵な業者さんや見守って引っ越しを待っていてくれた地域の方々にも感謝しています。家族との改修で毎日居心地がよく、自分たちらしい環境を作れたことが、家族の大きな幸せになっていると思います。

荒木 佑介（あらきゆうすけ）氏 プロフィール：
1981年大阪府枚方市生まれ。
大学卒業後、飲食業界へ。そこで「食」について興味を持ち、夫婦で自然農法塾に通い、野菜づくりや米作りを学ぶ。自然豊かな暮らしを目指し滋賀県高島市に移住。
現在はスキー場に勤務しながら、家族で家庭菜園や薪割りに勤しみ、子育てに奮闘する日々。

内壁をつくる

Point 建具枠取付け、電気配線、給水配管は事前に済ませておく

内壁を作る前に、「真壁（しんかべ）」にするか「大壁（おおかべ）」にするかを決めます【図1】。

「真壁」とは、古くから日本の建築に用いられてきた壁の構法で、柱や梁などの建物の軸組が表面に見えてくる壁です。一方「大壁」は、柱や梁がパネルなどで覆い隠されて表面に見えてこない、フラットな壁のことです。和風の古民家や和室なら真壁、洋風の部屋や木の羽目板を仕上げにするなら大壁というイメージです。

古い家の多くは柱が傾いているため、改修で大壁に作り直す場合は、下地作りに少々時間と手間がかかります。

【図1】真壁と大壁

真壁：柱が見える

大壁：柱が見えない

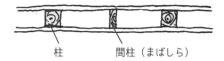

柱　　　間柱（まばしら）

1. 真壁をつくる

［1］ 既存の土壁が使える場合

柱と土壁の隙間を中塗り用の土（もしくは土壁補修材）で埋めながら、壁全体を平らに塗り直します【図2】。

【図2】土壁の補修

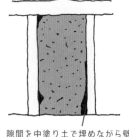

隙間を中塗り土で埋めながら壁全体を平らに塗り、仕上げる。

【図3】断熱材を入れる

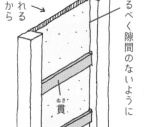

貫

外から入れる

なるべく隙間のないように

スタイロフォーム等のボード系断熱材（厚さ20～30mm）

内壁用の下地材45×45mm 角材

貫の部分は切る

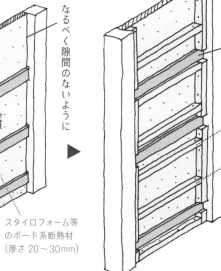

300mm以内

【図4】壁下地

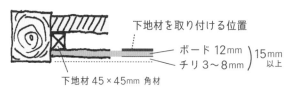

下地材を取り付ける位置

ボード 12mm
チリ 3～8mm
15mm以上

下地材 45×45mm 角材

［2］ 既存の土壁が傷んでいて、新たな壁は土壁にしない場合

① 土壁を取り除きます。

② この壁が外壁となる場合は外から断熱材を入れます【図3】。

③ 柱の表面から15～20mm内側（チリの巾3～8mm＋ボードの厚み12mmの分だけ内側に入ったところ）に、下地材（45×45mmの角材）を取り付けます【図4】。

［3］ 貫がない場合のボード等の設置方法

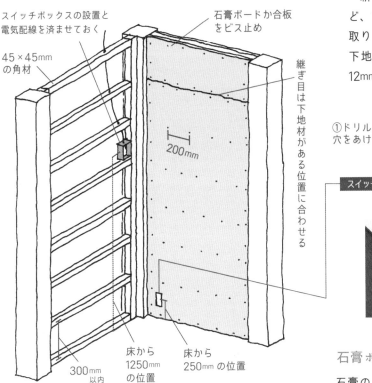

スイッチボックスの設置と
電気配線を済ませておく

45×45mm
の角材

石膏ボードか合板
をビス止め

継ぎ目は下地材がある位置に合わせる

200mm

300mm
以内

床から
1250mm
の位置

床から
250mm の位置

新たに間仕切り壁を作る場合など、貫がない場合は、ボード等の取り付けが少し楽になります。

下地材に石膏ボードか合板（厚さ12mm）をビス止めしたらOKです。

①ドリルで
穴をあける

②「ひきまわしノコ」
で四角い穴に整える

スイッチ・コンセント穴

石膏ボード

石膏ボードの切り方

石膏のアルカリ成分でカッターナイフの刃がすぐに切れなくなるので、予備の刃を用意しておきましょう。

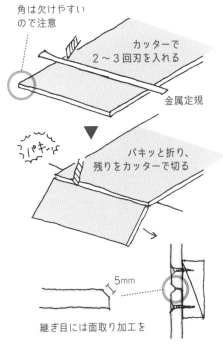

角は欠けやすい
ので注意

カッターで
2～3回刃を入れる

金属定規

パキッ

パキッと折り、
残りをカッターで切る

5mm

継ぎ目には面取り加工を

「石膏ボード」か？ 「合板」か？

　上記のように内壁には、石膏ボードか合板を張りますが、どちらを使うか迷うところです。それぞれに長所と短所があり、僕なりにまとめてみました。選ぶ際の参考にしてください。

	石膏ボード	合　板
価格	安い	高い
強度	角が欠けやすい	丈夫
切る道具	カッターナイフ	丸ノコ、ドリル
ビス止め	小さな部材は
ビス止め不可	直接ネジ止め、
小さな部材でも
ビス止め可能
廃棄	有料（産業廃棄
物となる）	可燃ゴミで出せる
その他	石膏の粉の掃除
が大変	漆喰を塗ると、
アクが出る

2. 大壁の断熱材増量と防風シート貼り

外壁となっている壁の内側を大壁にする場合、ぜひ断熱材増量と防風シート貼りをオススメします。特に寝室には効果テキメンです。

① コーナーとなる柱に、胴縁を止めるための下地をビス止めします。
② 断熱材はスタイロフォーム等のボードの断熱材（厚さ25〜30mm）を柱の間の寸法に合わせてはめ込みます【図1】。
　 隙間は断熱性能低下の原因となるのでできるだけ隙間がないようにします。
③ 次に防風シートを貼ります【図2】。
　 この段階で室内の空気が変わったと感じるはずです。

【図1】断熱材をはめ込む

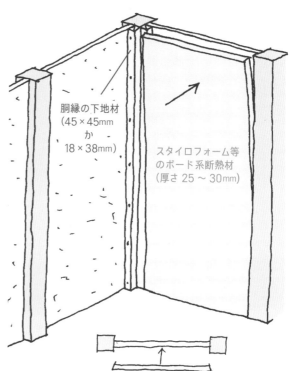

胴縁の下地材
（45×45mm
か
18×38mm）

スタイロフォーム等のボード系断熱材
（厚さ25〜30mm）

断熱材はテーパーをつけて
（先細りにして）設置する

【図2】防風シートを貼る

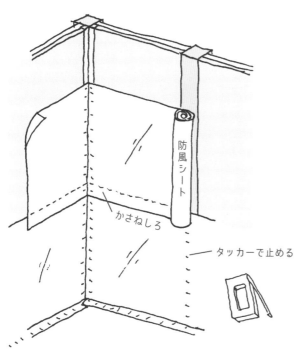

防風シート

かさねしろ

タッカーで止める

3．大壁をつくる

大壁の場合、下地材とボードの厚み、約30mm 部屋が狭くなります。柱が傾いている場合はさらに狭くなりますが、垂直の壁を作ることができるので、家具を置く場合、良いかもしれません。

【図1】柱の傾きと壁

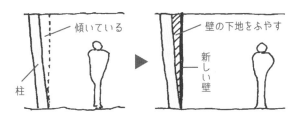

① 柱の傾きを見て、より内側に傾いている方を基準とします【図1】。

以下、【図1】のように柱が外へ傾いている場合の施工方法を解説します。

② 柱の根元（床との接点）が基準になるので、床に下地材をビス止めします。

③ レーザーレベルで基準（柱の根元）からの垂直の立ち上がり方を確認し、天井部の胴縁の位置を決めます。決めた位置に胴縁がくるように、柱～胴縁までの隙間に「かませ材」【図3】をはさみ、一緒にビス止めします【図2】。

④ 上下の胴縁に水糸を張り、その一つ下、一つ上の胴縁も、かませ材を使いながら糸の位置に合わせて止めます【図4】。

⑤ 残りの胴縁も同様に、かませ材を使いながら糸の位置に合わせて止めます。

⑥ すべての胴縁を水糸のラインに沿って設置できたら、垂直な壁の下地が完成です。胴縁の上に石膏ボードか合板を貼れば、壁が完成します。

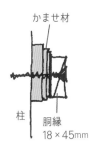

かませ材
柱
胴縁
18×45mm

【図2】上下の胴縁の決め方

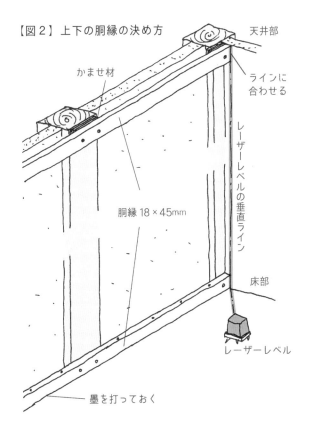

【図3】かませ材

解体で出た薄いベニヤ板や床のコンパネの端材で6～10cm角の板を作る

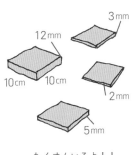

3mm
12mm
10cm 10cm
2mm
5mm

たくさんいるよ！！

すきまの寸法に合うように数種類の厚みを組み合わせて使う

【図4】水糸

300mm以内
胴縁
水糸を張る

4. 胴縁を追加するところ

① 建具のまわり

建具まわりは縦方向にも胴縁入れます（たて胴縁）。
また、建具を囲むように額縁も取り付けます（P81）。

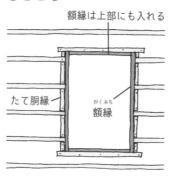

額縁は上部にも入れる

たて胴縁

額縁（がくぶち）

② フックの下地

石膏ボードで施工する場合で、壁に手すりや楽器などを掛けるフックをつけたい時には、下地として胴縁を入れておきましょう。

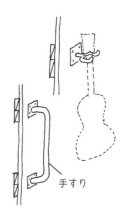

手すり

5. 間仕切り壁をつくる

【図1】のように部屋を分割する時や、そで壁を作る時など、柱がない場所に新たな壁を作る方法です。

① 壁を設置する場所を決め、その床に設置する位置を記します（床に線を引きます）。
② 引いた線に合わせて、45mm角の角材を床にビス止めします。
③ レーザーレベルで垂直のラインを壁に写し出し、そのラインに合わせて壁にも45mm角の角材をビス止めします。この時ビスは壁下地材（胴縁など）に打つこと。
④ 天井部分もレーザーレベルで壁の位置を出し、45mm角の角材を、小梁や天井下地にビス止めします。
⑤ 壁下地材のたて材を450mm以内の間隔で、天井部と床部の下地材にビスななめ打ちで止めます【図2】。
⑥ 次に胴縁を300mmのピッチで設置します。
⑦ 胴縁の上に石膏ボードか合板を貼り完成。

新しい壁なのでちょっとした小物を置くことができる棚（ニッチ）も作ってはいかがでしょうか？

棚（ニッチ）

【図1】間仕切り壁

部屋　新しい壁

【図2】壁下地材の取付け

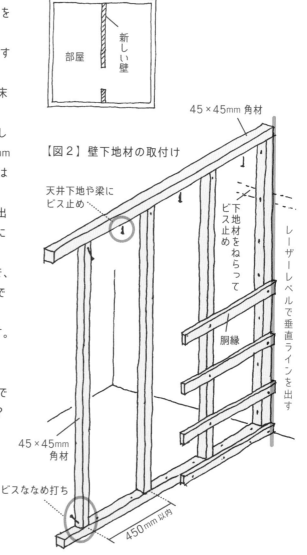

45×45mm角材

天井下地や梁にビス止め

下地材をねらってビス止め

胴縁

レーザーレベルで垂直ラインを出す

45×45mm角材

ビスななめ打ち

450mm以内

珪藻土や漆喰を塗る

けいそうど　　しっくい

Point　コテむらは味わいとすべし

　左官作業は仕上がりの変化をダイレクトに実感できるので人気（？）の作業です。珪藻土や漆喰は半ねり状態でも販売されている材料なので、手軽に DIY できます。最近はビニルクロスの上から直接塗れるものもあるので、ぜひチャレンジしてください。特に珪藻土は調湿作用に優れていて、お風呂の脱衣室のカビ対策に使えますね。

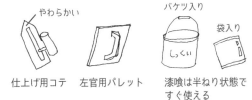

やわらかい　　　　　　　　　　　バケツ入り

袋入り

仕上げ用コテ　左官用パレット　漆喰は半ねり状態で
　　　　　　　　　　　　　　　　すぐ使える

1. 土壁に塗る場合

　P59の中塗りの上から珪藻土や漆喰を塗る方法です。

① 柱や梁についた土やホコリを雑巾で拭き取り、乾いたら周囲にマスキングテープを貼ります。

② 仕上げ塗り厚は1〜2mmにしたいので、隙間をあけておきます【図1】。

③ 霧吹きで壁をしっかり濡らします。乾いた壁にいきなり塗ると、塗り材の水分が一気になくなり固まってしまいます。こまめにコテを濡らして作業してください【図2】。

④ 塗り終わったらすみやかにマスキングテープをはがしてください。

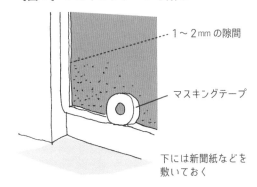

【図1】マスキングテープを貼る

---- 1〜2mmの隙間

マスキングテープ

下には新聞紙などを敷いておく

【図2】塗る順序

コテはまめに水に浸す

コテを浮かせて塗る

壁をしっかり湿らせておく

壁の端から真ん中に向かって塗る

2. 石膏ボードや合板に塗る場合

　石膏ボードや合板には、板の継ぎ目やビス穴があるので、まずこれらを処理します。

① クロステープを板の継ぎ目に貼り、ボードパテをゴムベラで塗り込みます。

② ビス穴にもボードパテを塗り込みます【図3】。

③ パテが乾いたら「シーラー」という下地処理材をハケで塗ります。「シーラー」は珪藻土や漆喰の接着を良くします。特に合板に塗る場合はアク止めの役目をしますので、必ず塗ってください（木材のアクがシミになるのを防ぎます）。

④ シーラーが乾いたら、周囲にマスキングテープを貼って珪藻土や漆喰を塗りましょう。

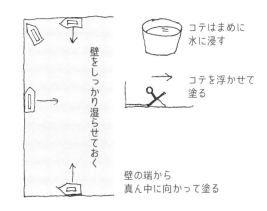

【図3】ボードパテを塗る

ビス穴

クロステープ

ボードの継ぎ目

ゴムベラ

ボードパテ

クロステープとビス穴にボードパテを塗り込み、凹凸を無くす。

天井を直す

Point 壁際には廻り縁が入るので、少しくらいの隙間は気にしない

古民家で比較的傷みが少ないのは天井です。雨漏りがなければ、ほとんど手をかけずに済むことが多いです。さらに、天井をめくると立派な梁が現われるので、どちらかと言えば天井のない空間にしたくなるのが本音です。

【図1】のように天井は上から吊っているので、重く厚い仕上げ材は適しません。壁と天井の際（きわ）には、床の巾木と同様に、廻り縁（まわりぶち）と呼ばれる角材をつけるので、壁際の隙間は気にせず、施工していきましょう【図2】。

【図1】天井の構造

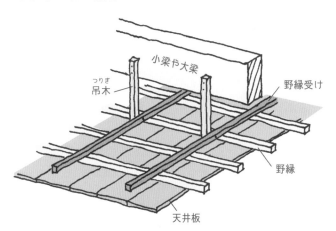

【図2】廻り縁

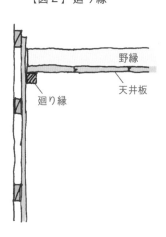

① まず、壁に野縁（のぶち）と野縁受け（のぶちうけ）をぐるりと打ち付けます。「野縁」とは天井板を取り付けるために配置される細長い下地材のことで、「野縁受け」とは野縁を支える細長い下地材です。この時、レベルからの高さを合わせるのがポイントです。ビスは柱にしっかり打ちます【図3】。

② 野縁受けを両端の野縁に引っかけ、中央のたるんだ部分を吊木（つりぎ）にビス止めして、野縁受けを水平に保ちます。両端に水糸を張ると野縁受けの直線を出しやすくなります【図4】。

③ 野縁を450mmピッチで配置します【図5】。

④ 野縁に仕上げ材（石膏ボード厚み9mm、ベニヤ板、羽目板など）を貼ります。

⑤ 最後に天井と壁の際に、廻り縁をぐるりと取り付け完成です（写真）。

照明用の配線は、天井の仕上げ材を貼る前に済ませておきましょう！！

廻り縁

【図3】野縁と野縁受け

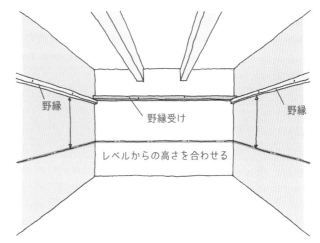

野縁

野縁受け

野縁

レベルからの高さを合わせる

【図4】野縁受けを吊木にとめる

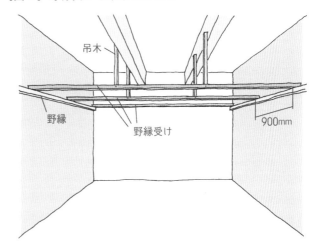

吊木

野縁

野縁受け

900mm

【図5】野縁を配置

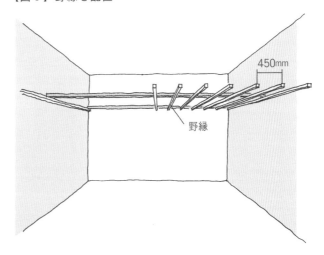

450mm

野縁

建具を直す

Point 機能性重視ならアルミサッシがおススメ

　外壁を貼る前に建具工事を済ませておきます。建具には木製建具とアルミ建具があり、納まり方は少しずつ違いますが手順は同じです。木製建具の場合、web ショップで購入したり、解体現場で入手した建具を再利用することができます。

【図１】木製建具の詳細図

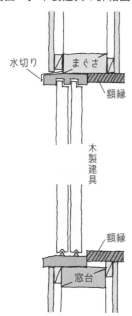

水切り
まぐさ
額縁
木製建具
額縁
窓台

【図２】アルミ建具　詳細図

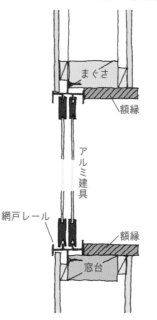

まぐさ
額縁
アルミ建具
網戸レール
額縁
窓台

木製建具を使用して改修した平井邸

左の窓はアルミ建具、右の引き戸は木製建具

【図３】木製建具枠の詳細図

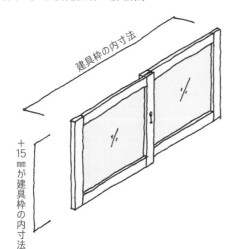

建具枠の内寸法
＋15㎜が建具枠の内寸法

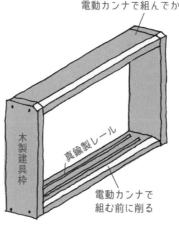

電動カンナで組んでから削る
木製建具枠
真鍮製レール
電動カンナで組む前に削る

木表
木裏

木裏
木表

電動溝切りカンナで削ってつくる

窓を新たに取り付ける

Point 水平と垂直をしっかり確認

　新たに窓を取り付ける時は、窓を付けたい壁の土壁と小舞竹を取り除き、作業をはじめます。まぐさと窓台は厚み45㎜の材料を使います。

【図4】まぐさ、窓台の付け方

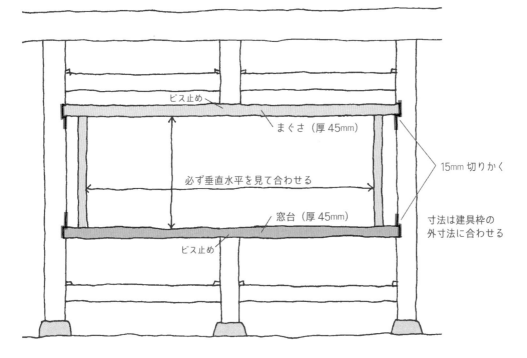

ビス止め

まぐさ（厚45mm）

15mm 切りかく

必ず垂直水平を見て合わせる

窓台（厚45mm）

寸法は建具枠の
外寸法に合わせる

ビス止め

【図5】木製建具枠の取り付け

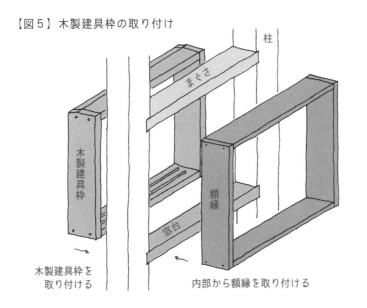

柱

まぐさ

木製建具枠

額縁

窓台

木製建具枠を
取り付ける

内部から額縁を取り付ける

【図6】窓の内側

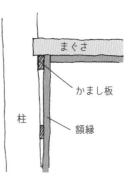

まぐさ

かまし板

柱

額縁

建具枠が垂直に設置できる
ように施工すること

配管工事

　キッチンやお風呂、トイレの位置を変えると、給水と排水の設備を新設する必要があります。給水は水道管内に水圧がかかるっているので配管の接続に問題がなければ、比較的簡単に新しく設置することができます。一方、排水は一定の勾配をつけておかないと、流れないので注意が必要です。

1．給水工事

　水道メーターから家側の配管に手を加えることができます【図1】。

　水道管はホームセンターで購入できます。グレー色のVP管、紺色のHIVP管があり、HIVP管の方が強度があります。径は 13mm か 20mm が一般的です。専用の接着材を必ず使用してください【図2】。
赤色のHT管（耐熱性硬質ポリ塩化ビニル管）は給湯専用の管で、接着材もHT管専用となります。

　新たに水道管を分岐する場合はチーズ継手を使いますが、管が地中でつっかえる時は【図3】のようにするとうまくいきます。

　地中の給水管は凍結の心配はありませんが、地上に出た部分は断熱材を巻いておきましょう【図4】。特に壁から給水栓を出す場合は給水管が壁の内部で結露する恐れがあるので、必ず断熱材を巻いてください。水栓を取り付けるのはネジ込み式なのでオス側にシールテープを5周程度巻いてから取り付けてください【図5】。

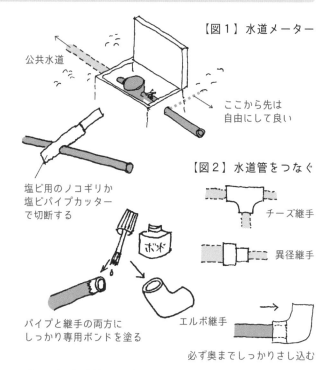

【図1】水道メーター

公共水道

ここから先は自由にして良い

塩ビ用のノコギリか塩ビパイプカッターで切断する

パイプと継手の両方にしっかり専用ボンドを塗る

【図2】水道管をつなぐ

チーズ継手

異径継手

エルボ継手

必ず奥までしっかりさし込む

【図3】水道管の分岐

つっかえる

横から見た図

新しい分岐

上から見た図

【図4】断熱材

断熱材
ホームセンターで売っている

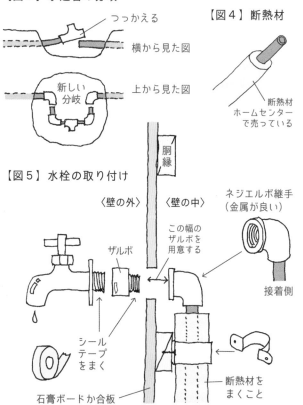

【図5】水栓の取り付け

胴縁

〈壁の外〉　〈壁の中〉

ザルボ

この幅のザルボを用意する

ネジエルボ継手
（金属が良い）

接着側

シールテープをまく

石膏ボードか合板

断熱材をまくこと

２．排水工事

　給水と異なり、排水は配管に勾配をつけておく必要があります。基本的に１〜２％、つまり100cm
ごとに１〜２cmの勾配をつけるのが基本です（P86参照）。

【図６】キッチンの場所を変える時は排水の勾配を確保できるか、必ず事前にチェックしましょう。

【図７】床下の空間だけで勾配をつけるのが難しい場合は、地面を掘って配管を延長します。

【図８】配管の立ち上がりは、仕上げ床から20cm余分に延ばしておきましょう。

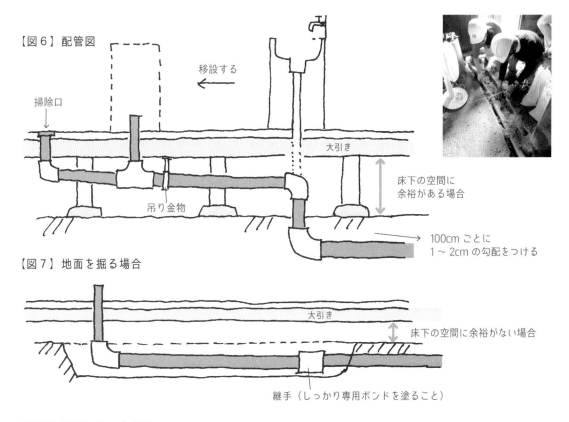

【図６】配管図

移設する

掃除口

大引き

吊り金物

床下の空間に
余裕がある場合

100cmごとに
１〜２cmの勾配をつける

【図７】地面を掘る場合

大引き

床下の空間に余裕がない場合

継手（しっかり専用ボンドを塗ること）

【図８】配管の立ち上がり

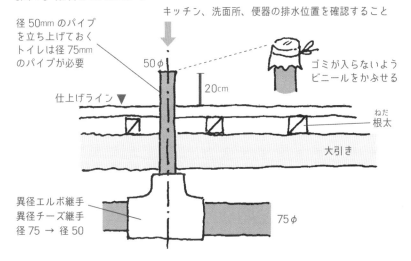

キッチン、洗面所、便器の排水位置を確認すること

径50mmのパイプ
を立ち上げておく
トイレは径75mm
のパイプが必要

50φ

20cm

ゴミが入らないよう
ビニールをかぶせる

仕上げライン▼

ねだ
根太

大引き

異径エルボ継手
異径チーズ継手
径75 → 径50

75φ

キッチンをつくる

Point フローリングが貼れて、壁もできて、いよいよキッチンの取り付けです！

キッチンは既製品のものから手作りのものまで選択は多様です。

1. 既製品のキッチン

ネットショップで手軽に入手できますが、ショールームで実際の質感や使い勝手を確かめておきましょう。展示会場で定期的に商品の入れ替えがあり、その展示品を安く入手する方法もあります。据え付けは特に技術や知識は必要なく、給排水をしっかりできればOKです【図1・2】。

既製品のキッチン

2. ハーフビルドのキッチン

イケア（IKEA）などで自由にカスタマイズして、自分でキットを組み立てる方法です。既製品と違い、その自由度はすばらしいものがあります。引き出しの大きさを選べたり、扉をなくしてオープン棚にしたりと自分だけのオリジナルキッチンが作れます。そして安い!! ただし、安いなりに品質のバラつきはあるかもしれません。僕の家は某量販店でキッチンを作りました。材料の反りが出てしまい引き出しが閉まらなくなりました（泣）。

ハーフビルドのキッチン

【図1】キッチンを取り付ける前にしておくこと

ガスは専門業者に事前に確認しておくこと

排水管立ち上げ

給温水管立ち上げ

【図2】各部接続
（配管立ち上げは少しくらいずれても大丈夫）

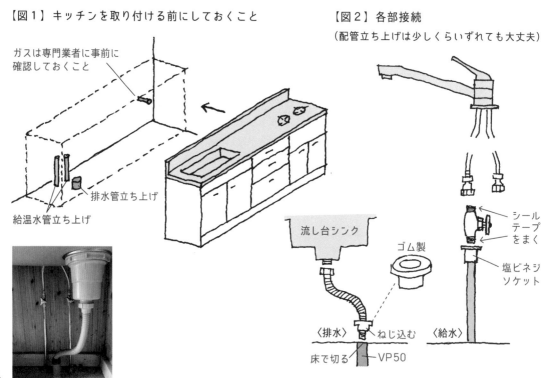

流し台シンク

ゴム製

シールテープをまく

塩ビネジソケット

〈排水〉 ねじ込む 〈給水〉

床で切る VP50

3. キッチンを自分で作る!!

　使い勝手も見栄えもオリジナルです。解体現場で出た、流し台のステンレス天板を取り外し、木で作った台に乗せ替えるのです【図3】。

　オープン棚にして自分なりに使い勝手のよいキッチンにしてみましょう。

【図3】中古のシンクを作り変える

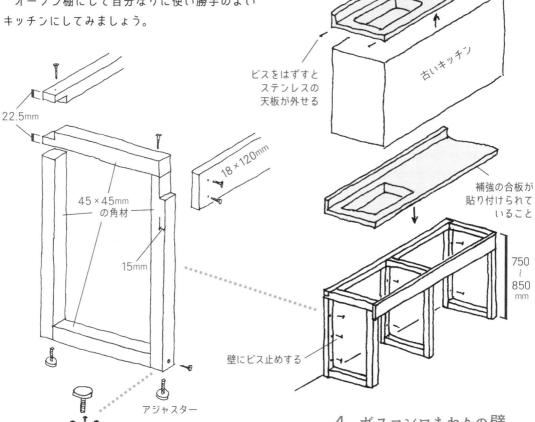

22.5mm

45×45mm
の角材

15mm

18×120mm

ビスをはずすと
ステンレスの
天板が外せる

古いキッチン

補強の合板が
貼り付けられて
いること

750
〜
850
mm

壁にビス止めする

アジャスター

キッチンの水平を出すため
高さの微調整ができる
「アジャスター」を取り付ける

ドリルで
穴をあける

アジャスターの取り付け方

4. ガスコンロまわりの壁

　火を使うガスコンロまわりの壁は
必ず不燃材で作ってください。

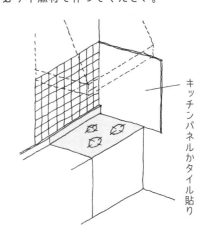

キッチンパネルかタイル貼り

イケアのキッチン

自作でキッチンを作る

トイレを直す －排水処理について－

Point　各自治体にルールがあるので確認すべし

1．公共下水道に接続する場合

　生活排水は台所や風呂、洗濯などの雑排水と、トイレからの汚水があります。

【図1】排管の勾配は、家の外に出た雑排水（台所・風呂・洗濯）を流す最初の「雑排水ます」の管底の深さを起点として、最終的に「公共下水道接続ます」まで流れるように計画します。

【図2】排水計画は「雑排水ます」→「トイレ汚水（合流ます）」→「公共下水道接続ます」の順番に流れるよう考える必要があります。イメージとしてはお風呂の大量の排水でトイレの汚物を一気に流し去る感じです（笑）。

【図3】さらに「雑排水ます」は、必ず「クリーンます」と呼ばれるごみをキャッチするカゴが備わったますを使用してください。

以上のことが守られていない場合、公共下水道に接続できません。なお、「公共下水道接続ます」から「公共下水道（マンホール）」への排管接続は自治体指定の専門業者に依頼してください。

【図1】公共下水道への排水イメージ

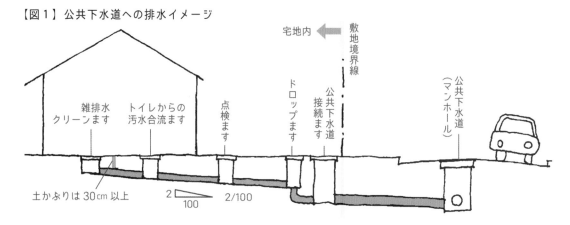

【図2】排水計画イメージ

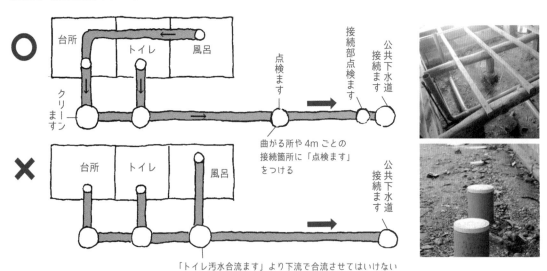

86

【図3】「ます」のいろいろ

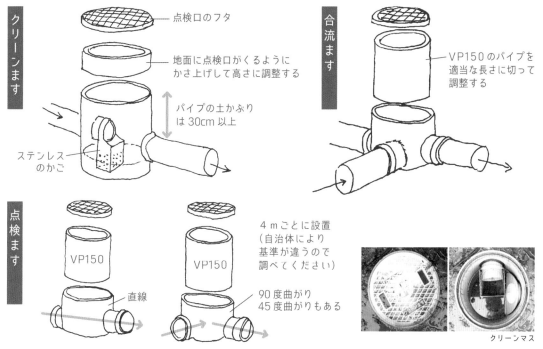

クリーンます
- 点検口のフタ
- 地面に点検口がくるようにかさ上げして高さに調整する
- パイプの土かぶりは30cm以上
- ステンレスのかご

合流ます
- VP150のパイプを適当な長さに切って調整する

点検ます
- VP150　直線
- VP150　90度曲がり45度曲がりもある
- 4mごとに設置（自治体により基準が違うので調べてください）

クリーンマス

【図4】「公共下水道接続ます」への接続の仕方

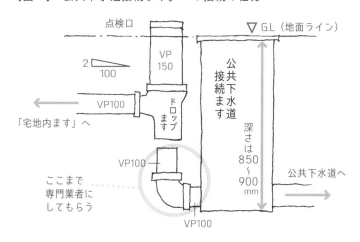

- 点検口
- ▽ G.L（地面ライン）
- 2/100
- VP150
- VP100
- ドロップます
- 「宅地内ます」へ
- VP100
- ここまで専門業者にしてもらう
- VP100
- 公共下水道接続ます
- 深さは850〜900mm
- 公共下水道へ

2．合併浄化槽を設置する場合

　公共下水道への排水が難しい立地などの場合に、生活排水（雑排水とトイレ汚水）をすべて宅内で処理し、水路へ放流する方法です。公共下水道とは違い、排水の順序に決まりはありませんが、毎年の法定点検と汚泥の汲み取りの費用が必要となります。設置には各自治体で補助金制度があるので確認してみましょう。

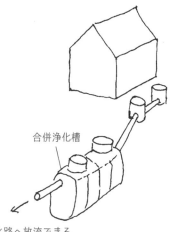

合併浄化槽

水路へ放流できる

3. 簡易便槽にする場合

　田舎の古い家は、汲み取り式のトイレが多いです。ポッカリと大きく開いた穴の上にお尻を出してまたがる。人生を半分過ぎた男の僕でも、なんとも言えない不安を感じてしまいます。

　前述の合併浄化槽とまではいかないが、便所だけでも水洗に変えたいのであれば、簡易便器、簡易便槽をおススメします【図1】。

① まず、汲み取り便所の穴に汚物が残っていたら汲み取り業者さんに頼んで取り除いてもらいます。
② そして覚悟を決めて穴の中へ入り、穴を広げます。必要な深さプラス100㎜まで掘って100㎜の土間コンクリートを打設します。
③ 便槽を置いて配管を接続し、埋め戻して完成です！【図2】

　なお、台所や風呂などの生活雑排水は流入できないのでご注意ください（タンクが小さいのですぐにあふれます）。

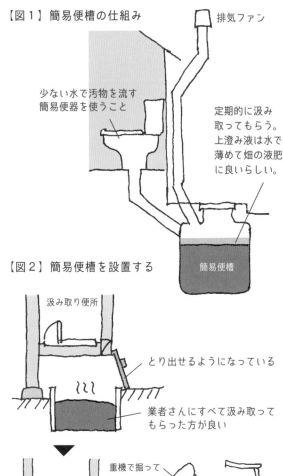

【図1】簡易便槽の仕組み

排気ファン

少ない水で汚物を流す簡易便器を使うこと

定期的に汲み取ってもらう。上澄み液は水で薄めて畑の液肥に良いらしい。

簡易便槽

【図2】簡易便槽を設置する

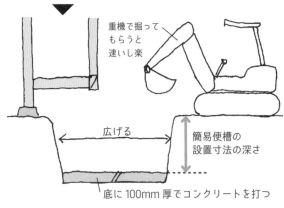

汲み取り便所

とり出せるようになっている

業者さんにすべて汲み取ってもらった方が良い

重機で掘ってもらうと速いし楽

広げる

簡易便槽の設置寸法の深さ

底に100mm厚でコンクリートを打つ

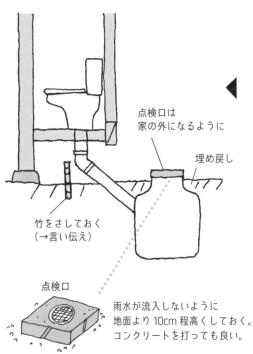

点検口は家の外になるように

埋め戻し

竹をさしておく（→言い伝え）

点検口

雨水が流入しないように地面より10cm程高くしておく。コンクリートを打っても良い。

言い伝え…穴を埋めるとき

　汲み取り便所跡、古井戸跡を埋める場合は、ゴミや瓦礫などを入れず、埋めた後はなぜか息抜用に竹筒をさしておくそうです。科学的根拠は全くありませんが、昔からの言い伝えがあるということを知っておきましょう。信じるも信じないもあなたの自由です！

トイレを直す ー便器を取り付けるー

Point 排水管の立ち上がりの位置は正確に！

　壁、床、天井の仕上げが全て終わってからの工事になります。便器を取り付けてからの仕上げ工事は困難を極めます（笑）。

① 何より大事なことは排水管の立ち上がり位置を正確にしておくことです【図3】。あとは便器についている説明書通りに進めていけばOK!
② 給水管に蛇口を取り付けます【図4】。
③ 排水管の立ち上がりは40㎜のところで切ります。
④ 便器に付属の排水ソケットを接着します。
⑤ 床がコンクリートの場合、アンカープラグを先に埋め込んでおかないといけないので、仮組みをしてアンカープラグの位置を確かめておきます【図5】。
⑥ 便器をソケットに差し込んで便器をビスで固定します。
⑦ 説明書通り、タンクを取り付け、ステンレスフレキシブル管で給水管を接続すれば完成！【図6】

あとは施工者自ら、記念すべきトイレ使用者第1号となるのです！

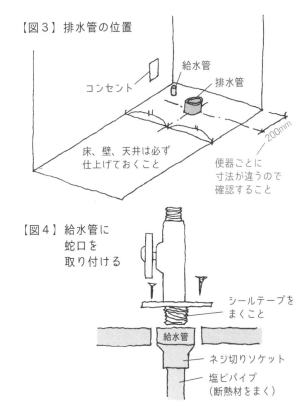

【図3】排水管の位置

コンセント
給水管
排水管
床、壁、天井は必ず仕上げておくこと
200mm
便器ごとに寸法が違うので確認すること

【図4】給水管に蛇口を取り付ける

シールテープをまくこと
給水管
ネジ切りソケット
塩ビパイプ（断熱材をまく）

【図5】位置の確認

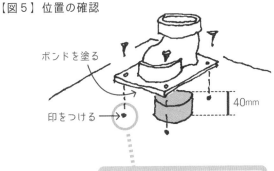

ボンドを塗る
40mm
印をつける

【図6】タンク、給水管の取り付け

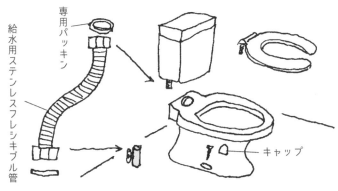

専用パッキン
給水用ステンレスフレキシブル管
キャップ

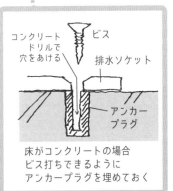

コンクリートドリルで穴をあける
ビス
排水ソケット
アンカープラグ
床がコンクリートの場合ビス打ちできるようにアンカープラグを埋めておく

お風呂をどうするか

田舎の古い家では、お風呂とトイレが母屋とは別棟で建てられていることがよくあります。古い家を解体していくと、お風呂のまわりはかなりの確率で柱や土台が腐っています。昔ながらの五右衛門風呂を修繕して使うこともありですが、本体の傷みが激しい時は思いきって浴槽をリニューアルすることもおすすめです。

五右衛門風呂

僕の経験上、ユニットバスは風情こそありませんが、「家を水から守る」ことに関して言えばすばらしい設備です。ユニットバスはネットショップで安く入手することができます。購入する時は必ず「組立て説明書」があるかどうかを確認すること。データをメールで送ってもらいます。説明書通りに作っていけば必ずできます！

ユニットバス

【図1】ユニットバスの種類

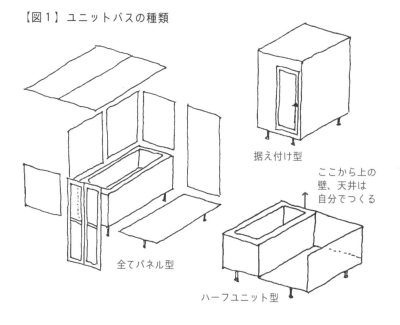

据え付け型

全てパネル型

ここから上の
壁、天井は
自分でつくる

ハーフユニット型

【図2】据え付けの高さ

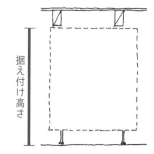

据え付け高さ

ユニットバスの設置

ユニットバスの形は大きく 3 種類に分けられます【図1】。「据え付け型」は組立てが不要ですが、大きいので搬入が難しいです。「ハーフユニット型」は浴槽から上の壁・天井は自由につくることができます。下地を作ってヒノキの板を壁・天井に張ればヒノキ香るお風呂のできあがりです。

ユニットバスを選ぶ時に気を付けたいのは、据え付けの高さが確保されているかどうかです【図2】。カタログやネットショップの商品ページの図面で確かめておきましょう。

電気工事

　法律では電気工事は電気工事士が行うことと決まっていますが、材料をこちらで準備し、配線だけを先に済ませて、接続をプロに依頼する方法なら費用を抑えることができます。

1.電気計画図をつくる

　【図1】のように家全体の電気計画図を作ります。照明、スイッチ、家電、コンセント、家具などの位置を、実際の生活をイメージして決めていきましょう。1つの部屋の中では、対角線上にコンセントを配置すると便利です。

　【図2】最近はスマホやコードレス掃除機の充電など「ここにコンセントがあったらよかったのに」と思うことも多いです。また台所で調理器具のコンセントがたくさん必要な人は予め多めに配置しておきましょう。「つけててよかった」と思えるように！

【図1】電気計画図

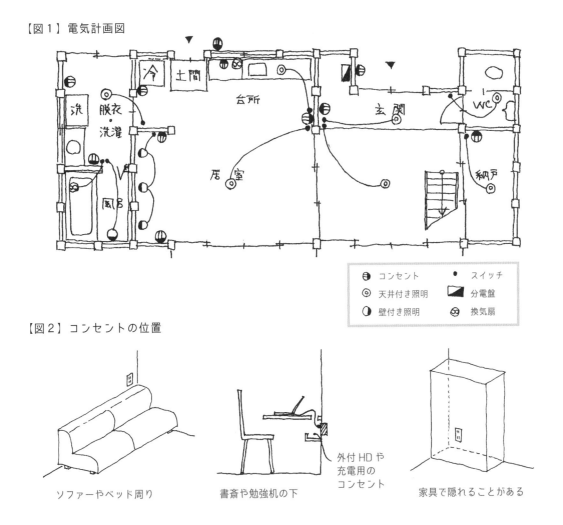

⊖ コンセント	● スイッチ
◎ 天井付き照明	◢ 分電盤
◖ 壁付き照明	⊗ 換気扇

【図2】コンセントの位置

ソファーやベッド周り　　　書斎や勉強机の下　　外付HDや充電用のコンセント　　家具で隠れることがある

次に配線です。電気は外の電柱から電気メーターを経由して、分電盤の中でそれぞれのエリア、用途に分岐します【図3】。

昔の家は家電機器が少ないため、分電盤のブレーカーの数が少ないので、改修時に電気屋さんに 8 〜 10 系統くらいの分電盤に付け替えてもらいましょう。それぞれのブレーカーの系統分けとして「照明」「台所コンセント①」「台所コンセント②」「冷蔵庫」「1F コンセント」「2F コンセント」といった感じに分けます。

最近は省エネが進み、冷蔵庫単独でブレーカー系統をつくらなくてもいいのですが、今後、コンセントを増設するなど、ブレーカー電源を OFF にして作業する必要がある時に冷蔵庫だけは動いている方が良いと思います。

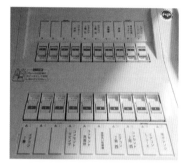

分電盤

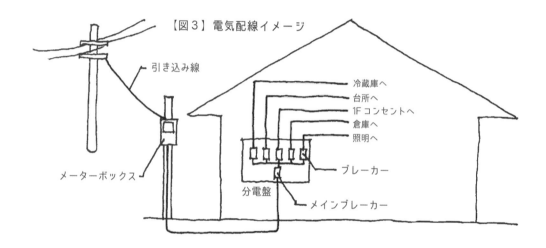

【図3】電気配線イメージ

引き込み線

メーターボックス

冷蔵庫へ
台所へ
1F コンセントへ
倉庫へ
照明へ

ブレーカー

分電盤

メインブレーカー

2. 配線

「ブレーカーが落ちる」というのは 1 つの系統の中で流れている電流の容量を超えて使用した時に安全装置としてブレーカーが遮断されるのです。炊飯器、電熱調理器、オーブン、電子レンジなど熱を発生させる家電機器、掃除機は 1 つの系統に多く接続することのないように計画してください。

照明器具の配線の基本的な考え方は【図4】のように電流が流れる途中にスイッチをつける、というものです。

●印の線の接続はコネクター【図5】に差し込んで接続します。

【図4】照明器具の配線

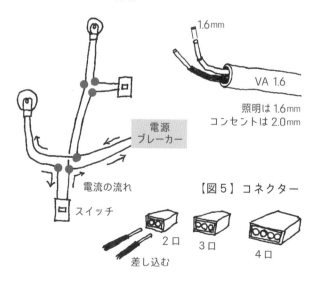

1.6mm

VA 1.6

照明は 1.6mm
コンセントは 2.0mm

電源
ブレーカー

電流の流れ

スイッチ

【図5】コネクター

2口

3口

4口

差し込む

配線をできるだけ見せたくない場合、内壁ボードを張る前に済ませておきます。この時、接続部分を壁の内部で行うと接続不良があった場合、せっかくの壁を壊さないといけなくなります。そのため配線は長くなりますが、接続部をまとめることをお勧めします【図6】。もしもの時のためにメンテナンス可能にしておきましょう。配線した電線には「電源」「和室照明」「和室スイッチ」などの札を付けておきましょう。

　コンセントの配置は、1つの系統でコンセントを接続点として配線していきます（わたり配線という）【図7】。スイッチやコンセントが取り付く場所にはスイッチボックスを付けて、15cm ほど長めに配線しておきます。スイッチは床から 1,250 ㎜、コンセントは床から 250 ㎜の高さで設置するのが基本です（P73 参照）。
　壁の少ない古民家では、柱に直接とり付ける露出型コンセントボックスとなります【図8】。

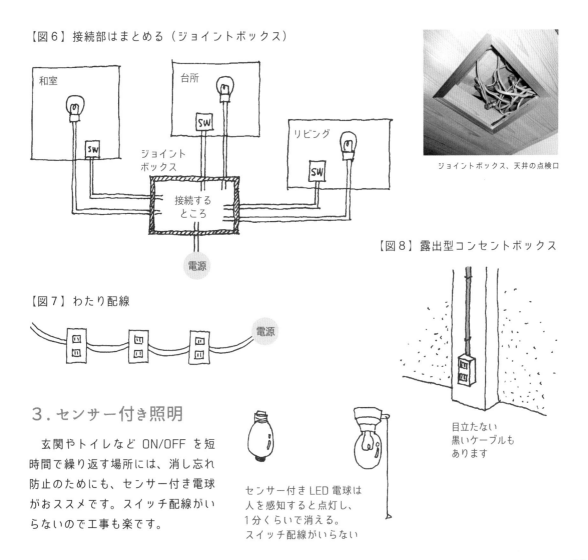

【図6】接続部はまとめる（ジョイントボックス）

和室

台所

リビング

SW

SW

SW

ジョイント
ボックス

接続する
ところ

電源

ジョイントボックス、天井の点検口

【図7】わたり配線

電源

【図8】露出型コンセントボックス

目立たない
黒いケーブルも
あります

3.センサー付き照明

　玄関やトイレなど ON/OFF を短時間で繰り返す場所には、消し忘れ防止のためにも、センサー付き電球がおススメです。スイッチ配線がいらないので工事も楽です。

センサー付き LED 電球は
人を感知すると点灯し、
1分くらいで消える。
スイッチ配線がいらない

地域 × 空き家 × 女子

森岡　咲子

私がゲストハウスをオープンしたのは2015年8月のこと。JR福井駅東口徒歩5分の場所に、ちょうどいい空き家を見つけたのが2014年3月、それから約1年半の準備・改修期間を経て開業に至りました。

大学時代からリノベーションには興味がありました。当時、卒論のためのフィールドワークで各地を旅した際に、手を入れられて生き生きと活躍する古い建物たちを見ました。建設会社に入社してからは、繰り返されるスクラップアンドビルドに疑問を持ったこと、そして職人たちの鮮やかな手さばきを目の当たりにしたことで、自分自身の手で建物を改修してみたいと思うようになりました。

福井は地元とはいえ、私のようなUターン女子にとって、1人で手頃な空き家を見つけるのは容易ではありません。行政が空き家バンクのようなものを用意していることもありますが、情報が更新されていなかったり、登録数が少なかったりと残念ながらそのほとんどが満足のいく内容ではありません（福井もそうでした）。私の場合は、準備期間の間に地元の友人知人を増やし、そのツテで築約60年の今の物件を見つけ驚くほど安価で購入しました。この時代空き家は溢れていますが、流通に乗らないものがほとんどで実態が見えづらいのです。人脈を辿るのは一見面倒ですが、条件に合う物件を見つけるのに案外近道なのかもしれないなぁと思います。

物件の改修は、だいたい90%を自分と友人のDIYで行い、残り10%をプロに任せました。基礎・構造部分や電気・水まわりなど専門的な知識が必要な部分（あるいは習得するまでに時間がかかる部分）は自分でできないと割り切って、任せることも必要だと思います。何よりその方が安心です。

そして、私の改修計画を聞いた前の会社の技術屋さんからは「女性一人では絶対に無理だ」と言われたのですが、高島市の古民家改修を手がけている皆さんからは「大丈夫、できるよ！」と言われました。これでものすごく勇気付けられたわけですが、要は、プロ並みは無理だからできるだけやるという割り切りと、やればできるはずだという一種盲目的な思い込みがあったおかげで改修をやり遂げられたのかなと思います（まだ改修したい部分はたくさん残っているのですが）。実際に古民家改修に取り組んでいる高島市の皆さんからの言葉には説得力がありました。

裏通りにある寂れた空き家が、改修を経て人が集う場所になりました。このことはじわじわと周囲に波及効果を生み出しています。宿の向かいには小さな食堂ができ、街には紹介できる飲食店が増え、人の往来が盛んになったことで情報も集まりやすくなってきました。自分の楽しみで始めた宿ですが、地域のネットワークのハブとして、今後ますます存在感を出せるようにしていきたいと思います。

Before　　　　　　　　After　　　　　　　　After

古い台所を改修し、カウンターも取り付けて居心地の良い交流スペースにしました。

森岡　咲子（もりおかさきこ）氏　プロフィール：
福井ゲストハウスSAMMIE'S　オーナー。1986年福井市生まれ。東京大学経済学部卒業後、大手建設会社で営業・工事現場事務などを経験したのち、2015年に地元へUターン、DIYで改修した民家でゲストハウスを始めた。結婚・出産を経て現在は夫と娘の3人暮らし。

第3章
こだわりの空き家改修事例集

2017年6月　近所の友人たちが集まって梅採り（改修後の平井邸にて）

屋根も自分たちで改修！外とつながる土間リビングの家

住んでいる人	ヒライアン（夫、アーボリスト）、ワダマキ（妻、ジュエリー作家） 青（娘、家を改修してから生まれました）
住んでいる所	滋賀県高島市安曇川町中野
改修準備金額	相場も知らないしお金もないけど、何も考えずはじめた
土地および空き家の購入金額	あわせて200万円

改修費総額　400万円ぐらい　　改修期間　2013年7月〜現在進行中（集中して行ったのは約5か月）

改修仲間（手伝ってくれた人たち）　知人、友人、家族など総勢30名ぐらい

手伝ってもらった専門家（工務店、大工、設備、設計など）
土井工務店さん（屋根工事、その他全般相談にのってもらってます）
のぶさん（以前住んでいた家の近所のおじさん、電気、水道などお世話になってます）
林左官さん（土間のコンクリート仕上げ）、横井さん（左官職人、キッチンのタイル貼り指導）

楽しかったところ、苦労したところ

　楽しいのは家をどんな風にしようかと考えること。今も継続中なのでいろいろ構想を練ってます。
　苦労したのは真夏の屋根工事！足場を組まずにやったので、何度も落ちかけて怖かった。天窓の設置、薪ストーブの煙突設置、雨仕舞いなど、緊張しました。雨の日や屋根の材料納入待ちの間は、土間工事をしていて、屋根＆土間工事の日々は本当に過酷で、毎日毎日土埃が舞い、汗と泥まみれでした。
　なによりも、土井工務店さんはじめ、本当にいろんな人に手伝ってもらえたことが良かった！そのおかげでここまでできたと感謝しています。

我が家のこだわりポイント

　我が家は集落のはずれにあって、まわりには他の家がなく、家の背後からは田園風景が見下ろせ、家の前は広い庭〜畑〜林へと広がっています。この立地を活かして、外と家が地続きで境界があまりないような空間にしたいと思い、キッチンとリビングを土間にしました。土間は、畑仕事をした時も長靴のまま家に入れて、少しぐらい土が落ちても気にならないので、畑をしながらの暮らしにはぴったりです。友人や近所の人が遊びに来ても、土間だとすっと入れるのも良い。

　以前住んでいた家も古民家で、寒さや暗さが辛かった。今回はそれを改善するために、ペアガラスにして寒さを防ぎつつ、たくさん光を取り入れられるように窓を増やして、屋根にも天窓を付けました。古民家の良さも残しつつ、自分たちらしい家にしていきたいと思っています。

Before

After

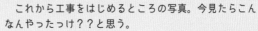
これから工事をはじめるところの写真。今見たらこんなんやったっけ？？と思う。
「とにかくまず壊してしまえ！」というフクイ師匠の助言で、とにかく壊してみよう！とはじまった。確かに壊すと家ってこうやってできてたんやぁと仕組みがわかってきて、次に作るときに役立ってくる。改装前の写真を今改めて見て、よくやったなぁ。。と思ってしまった。

土間工事、おくどさん、いろりを解体、瓦礫の片付けと水平を出すのにかなりの時間を費やした。過酷やったからこの時間が長く感じたのか。。。家の中に土井工務店さんにお借りしたユンボが登場、本当に毎日土埃で泥まみれでクタクタの日々。この上に捨てコンをして、ワイヤーメッシュや、床暖のパイプや、水道や電気を仕込んでおいて、そこに土間コンを流す。あの床ができた時の感動は今も忘れれない。まっすぐってなんて歩きやすいんやろ！（涙）

Before
Before
Before
After

Before

After

土間工事と同時進行で進めていた屋根工事。セメント瓦のボロボロ屋根を解体しているところ。ここまで壊したらとにかくやるしかない。手前には、垂木や野地板にベンガラを塗って干している。屋根は本当に多くの人に手伝ってもらい、屋根の解体、材料の準備、廃材の片付けが同時進行で進んでいった。わからないところは土井さんに聞いて教えてもらって、本当にみんなに助けられてできた屋根。

この屋根工事の日は、お盆前で最高気温38度。屋根の上はもっと暑い！プロの大工さんの動きの早さについていくのに必死で、午後からは口数も減るくらいクタクタだった。土井さんに片側の屋根を手伝ってもらって、仕組みを理解し、もう片側は自分たちでやった。

ワークスペースと住まいを兼ねたハイセンスな古民家

住んでいる人　ヒロシ（夫、プログラマ）、ケダマン（妻、雑貨作家）

住んでいる所　滋賀県高島市音羽

改修準備金額　特になし

土地および空き家の購入金額　あわせて800万円ぐらい

改修費総額　400万円ぐらい　　改修期間　2013年 7月〜現在進行中（集中して行ったのは約4か月）

改修仲間（手伝ってくれた人たち）　セルフビルド経験のある友人、男性3名ぐらい

手伝ってもらった専門家（工務店、大工、設備、設計など）
土井工務店さん（あがり框の作り方＆助言）

楽しかったところ、苦労したところ

・自分でするから制約が無く自由気まま。低コストでいかに理想に近づけるかの挑戦が楽しい。
・解体を進めていて家の歴史を感じる発見などがあると楽しい。
・現場で生活するのがキャンプっぽくて楽しい。
・セルフビルド仲間が見に来てくれるのがうれしい、情報交換が楽しい。
・解体したゴミの処理は大変。片付けが主な労働。
・コンクリートの「はつり」は大変、そのガラが10トン以上出て、捨てるのも大変。
・コンクリートブロックの束石を100コ以上、レベルをだしながら、地味に置いていくのがつらい。

我が家のこだわりポイント

　我が家は、今風にピカピカに改修された古民家を購入し、それを壊して、セルフビルドで自分たちの理想の家に作り変える、という改修をしました。

　古民家的な和風になりすぎず、ちょっと古い感じのする、ちょうどよい雰囲気を目指しました。好きなガラクタを置いたインテリアが似合うような空間に。

　居間とダイニングの天井が低いので、ローソファーを置いて、畳でごろごろできる様にしました。

　夫の事務所・仕事スペースと、妻のアトリエを、生活スペースと一緒にしたかったので、それを実現しました。

　キッチンは天井を抜いて、思い切って吹き抜けにしました。天井からいろいろぶら下げるのが好きなので。荒れた土壁も一部そのままにして、雰囲気を楽しんでいます。

Before

購入したときは、典型的な民家の間取り（四間取り）でした。Before写真の右奥の部屋は床を台所と同じ高さまで下げ、ダイニングにしました。もともと天井が低かったので、床を下げる事で圧迫感が軽減されました。

After写真奥のダイニングと手前の和室には段差ができ、あいだの敷居に座るとちょうどダイニングテーブルに座る人と視線が合い、談笑できます。

和室まわりの建具も新しく入れ替えました。畳の部屋を1つは残したかったので、手前の部屋の畳はそのまま活かして、和室の居間にしました。

After

After　　　Before

After

After

購入した時、家じゅうの床、壁、天井は石膏ボードや壁紙などでリフォームされていたので、すべて剥がして解体しました。床は基礎からやり直し、新しい床を作りました。キッチン、ダイニングは天井を抜いて吹き抜けにし、梁や土壁の表情を活かしました。

もとのキッチンは撤去し、新しく選んだキッチンを設置しました。調理の作業スペースを広く確保したかったのでL字型のカウンターにしました。背面に冷蔵庫と棚を設置し、家電と食器などはすべてそこに収納してスッキリ使えるようにしました。

After

After

典型的な民家の間取りだったのを、ダイニング、和室の居間、事務所・アトリエに作り変えました。事務所・アトリエはまだまだ改装中です。すべての部屋を開いたり区切ったり、いろんな使い方ができるように、建具を入れる予定です。

ダイニングと居間の間には薪ストーブを設置しました。古民家は隙間が多いので、空間全体を強力に暖めてくれる薪ストーブが頼りになります。語らいの場にもなり、火のある暮らしを楽しんでいます。

地域になじみながら仲間と楽しむ空き家改修

住んでいる人	高村さん（男性、カメラマン）、小松さん（女性、環境活動家）
住んでいる所	滋賀県高島市マキノ町下開田、滋賀県大津市（2拠点居住）
改修準備金額	2000万円ぐらい？　その場その場であるだけ改修
土地および空き家の購入金額	あわせて850万円ぐらい
改修費総額	恐ろしくて書けない　　改修期間　2006年 12月 ～ 2013年 10月（約7年）
改修仲間（手伝ってくれた人たち）	フクイアサトさん、友人家族や近所のお仲間（荒壁塗り）5名ぐらい

手伝ってもらった専門家（工務店、大工、設備、設計など）
水口工務店さん（屋根・軒引き屋）、泉建材さん（壁土）
雲設備さん（給排水一式）、平田電気さん（電気工事）

楽しかったところ、苦労したところ

　良かったのは、時間をかけたので（かかったので）徐々に近所づきあいが増えて、地域になじんでいけたこと。材料をもらったりとかできる関係になれた。

　苦労したのは、分かってはいたけど、柱や土台が腐っていたり、シロアリが入ってたりなど家の傷みが大きく、全面的な改修が必要だったこと。基礎までやり直す事になったのは、覚悟はしていたが、コスト的に痛い。

我が家のこだわりポイント

　人に頼むくらいなら、そのお金で道具を買って、自分で効率的に直そうとやってきた。そうすると楽ではある。実は道具が増えるのはデメリットでもあるのだが。。。

　同じような古い民家に住む近所の人に、古い家でも壊さずに直せば快適に暮らせるようになり、その雰囲気を楽しみながら活かす見本になれば良いと思い、機会があれば、なるべく見てもらうようにしている。

　古民家ならではの広い室内空間を活かして、大きなワンルーム＋αの間取りにし、一角にギャラリースペースを設けた。画家の友人の展覧会などを気まぐれに開催している。

　床の一部を広い土間にして、薪ストーブを設置。機械を直したりする作業場であり、保存食づくりをしたり、仲間が集まって過ごしたり、快適に使っている。

人手半年後 / 解体前の座敷

　空き家を入手当初、トイレ、風呂場が手前にあったが、その後、別の場所に作り変えた。屋根も後日改修。（屋根は高くつくので上から鋼板を貼ってもらっただけ）当時、家全体がトタンで囲われていて暑く、掃き出しドアは、北側にも必須なのを強く感じて実行。

人手10ヵ月後

　改修を進める中で、床下に杉の木を使った部分（おそらく近年改修された部分）はことごとく腐っていて、畳がブカブカになっていることが分かった。もっと昔に作られた部分は、栗の木が使われており、部分的に腐りつつも強度は残っていたのは驚き。昔の人は木の特性を良く分かって、家を建てていたんだと感じる。畳の下張りなど栗の木が残っている部屋は、それを再使用した。

　基礎の傷みがひどかったので、床を撤去し、家全体を上げて曳屋（ひきや）し、基礎を改修した。イキナリ浮かび上がった家を見て、集落の人たちは何事かと思ったに違いない。シロウトが家全体をなぶるには、レベルが決まらないと困るのと、基礎全体をコンクリートで遮水して地面から湿気が上がってこないようにしたかったので、安くはなかったが、この大改修は結果的に正解だったと思う。ムカデは少ない（笑）。

　知人一同巻き添えの壁土塗り（2009年4月3日）プロは写真手前の土をこねてる1人だけ、あとは全員シロウトw

　クルマが出せなくなった朝。この時点で積雪70センチ程度。こんな状況になっても長靴程度で出入りできるように、軒下を通れるようにしてある（たまには埋まるけど）。雪対策は前々から考えて備えないと、降ってから慌てて対処するには無理がある。

　写真で家の右の軒下にある薪棚は、現在は別の場所に薪小屋を作ったので撤去しました。家のためには、周りに湿気を呼ぶものは無い方がベター。ただ、薪を運ぶのは毎日の事なので、あまりに家から遠いと大変。そこらのバランスを考えましょう。

　オープンハウスイベント「風と土の交藝」にて。土間で餅つきという暴挙（笑）。この時はツアーのお客さんが多かったが、町内の奥さん方が集まってくれる年もある。

空き家改修座談会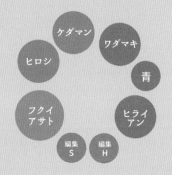

この本に登場する空き家改修仲間が集まり、著者のフクイ先生と座談会をしました。みんな空き家改修をしてるけど、考え方は人それぞれ。人も家も多様だから、おもしろい！あなたはどんな空き家改修を目指しますか？ 個性的な5人の話が参考になるかも!？

ヒライアンとワダマキ、ヒロシとケダマンの家づくりについてはP96～P99をご覧ください。

（ケダマン　ワダマキ　ヒロシ　青　フクイアサト　ヒライアン　編集S　編集H）

空き家を改修しようと思ったきっかけは？

ケダマン
こどもの頃から、家をプラモデルみたいにしたいって思いがあって。
実家でも遊びで建具に色塗ったり、巾木（はばき）に絵を描いたりしてたんやけど、お母さんにめっちゃ怒られて「自分で家買ってから自分の家でやって」みたいに言われて、大人になったら自分の家でやったる！って、いつかやりたいって思いが漠然とあってん。
大人になってからも大阪に住んでて、広い家が欲しいなと思ったけど、都会じゃ無理やし…と思っていろいろ探してたら、高島に行き着いた。

ワダマキ
私は犬の散歩で山に行ったときに、女郎蜘蛛が巣をつくって、こども産んでるのを見て、女性が家をつくるのもカッコイイなと思って、家を探しだした。
はじめ移住したときは、住宅地の中古物件を借りてて、その後、山の近くの古民家を借りて、その間もずっと家を探してた。高島の中にもいろんな地域があることを知るようになって、地元の人とのつながりも広がって、その中で今の家（理想の環境！）が見つかって、売ってもらえた。

フクイ
やっぱり不動産屋の物件情報だけでは、なかなか決められへんよな。
ヒライアンとヒロシは、パートナーとして、嫁さんの暴走に対して（笑）どんな感じでしょうか？

ヒライアン
オレは指示通りについて来ただけ（笑）。

ヒロシ
僕は車が好きやったから、車がいじれるガレージがあると良いな、とは思ってた。
で、ガレージあるからOKかな。

ケダマン
やっぱ、女性主導じゃないと田舎への移住は実現しにくいと思う。
おじさん一人で来てる人もおるけど、なかなか奥さんはついて来てくれへんのかも。

フクイ
うちはオレ主導で移住して、嫁さんもついて来てくれた。
作業を一緒にして、少しずつその気になってもらった。
高島で家直しはじめたとき、今の嫁さんと付き合ってたけど、
まだ独身やからできたんやと思う。
彼女は東京で働いてて、お義父さんにはめっちゃ怒られた。
みんなに、こんな良い嫁さん他におらんから
大事にせなアカンって言われる。

ケダマン
フクイさんとこはレアケースやなー。

どんな改修をした？ 時間とお金はどのぐらいかかった？

ケダマン
うちの家はネットの不動産情報で探して見つけた。
買ったときは、古民家やけど今風にリフォーム済みで住める状態になってたから、それを全部はがして、自分ら好みの家に直してる。
台所、お風呂、トイレ、床、壁、天井…。間取りも変えたかったから、全部解体して改修したん。
改修は始めて4年目ぐらいやけど、今、長い休憩中。そろそろお風呂をちゃんとやり直そうかなー。

ヒロシ
解体がめっちゃ大変やった。やりはじめると、どこまで解体したら良いか分らんようになるし。
もともと土間も打ってあったけど、友達に手伝ってもらって土間も剥いだ。
改修費用はしっかり計算してないけど、工具の購入費とか除いた金額で、500万円はかかってないと思う。キッチンとか設備の購入費が高かったな。

ヒライアン
うちの家は買った当時、コンクリート瓦で屋根がだいぶ悪かったから、まず屋根。
床と天井を剥がして、床暖房の入った土間キッチン、リビングを作ったのと、2階に部屋作ったり、壁やり直したり、物置小屋になってた所を工房スペースにしたり、ウッドデッキ付けたり…。
うちは工具はほとんど買ってない。買ったのは丸鋸と差し金（さしがね）ぐらいかな。
友達とか大工さんとか持ってる人に借してもらうようにしてた。

フクイ
ええ大工さんやなぁ、普通、大工道具なんか貸してくれへんで。壊されたらかなわんし（笑）。

ワダマキ
大工の土井さんにはいろいろ相談したり、改修の仕方を教えてもらったり、めちゃ助けてもらった。
集中的に改修した期間は半年ぐらいかな。仕事を休んで、毎日二人で必死でやってたな。
どのくらいお金がかかったか知っときたかったから、住めるようになるまでの半年間は改修にかかった経費の記録をちゃんとつけるようにしてた。
なんやかんやで総額は400万円ぐらい。屋根の改修費用、薪ボイラー、木製建具とかが高かった。

フクイ
木製建具は良いな、結露せんし。見た目も良いし。ただ、アルミサッシの規格品は安い！
うちは、初めて改修した1軒目の家は、ボロボロのかやぶき民家を買って、骨組みだけにして、全部作り直した。かやぶき屋根も親父に手伝ってもらって自分で葺き直した。
はじめは水道1本だけしかなくて、家の前にテント張って生活してた。
仕事辞めて、大津からひとりでこっちに来て、ガソリンスタンドでバイトしながら空き家改修。
かかった費用は総額600万円ぐらいかな。7年間改修し続けてたから、お金っていうより時間がかかったな。親父が楽しんで手伝ってくれたのがありがたかった。
やっぱ空家改修しようと思ったら、そこそこの初期費用はいるよな。あと、軽トラは絶対いる！

ヒロシ
大工さんには、うちもいろいろお世話になった。
納屋の梁のつけ方とか、玄関の上がり框とか、調べても分からんことを聞いたら、すぐ来てくれて、模型持って来てくれたり、教えてくれるんやけど「ここまでやったなら、自分でやれ」って、やってはくれんのやけど…。
ヒライアン家とか、自分で改修してる人の家を見て、参考にさせてもらうこともあった。

フクイ
オレも改修方法とか道具のこととか、大工さんに来てもらったときにいろいろ聞いて教わったな。
飛込みで現場見せてもらいに行ったり、本もネットあるけど、やっぱり聞くのが分かりやすい。
今はYoutubeで改修方法の動画とか充実してて、羨ましいな。

プロにお願いしたところは？

ワダマキ　うちは、プロに教えてもらいながら自分らでやったことと、全部プロにお願いしたところがある。
屋根の改修は、まず片面をプロの職人さんと一緒に作業させてもらって教えてもらった。
で、もう片面は、友達にも手伝ってもらいながら、素人でやった。
水道もプロに教えてもらいながら自分らでやった（メーター設置、公共下水への接続以外）。
全部プロにお願いしたのは、柱の根継ぎ。これは大工さんじゃないと難しそう。
あと、土間の左官仕上げ。捨コンは自分らでやったけど、表面は平らにきれいに仕上げたかったから、プロにお願いした。
あと電気工事もプロにお願いした。

ヒロシ　うちも、大工さんに教わってやったことはあるけど、ほとんどは自分でやった。
一番最初に、もともと風呂場があった所が白アリにやられてて、その軒桁の補強を、知合いの工務店の人にお願いしたぐらい。
水道とか電気工事とかでお願いせなあかんところはやってもらったけど。

フクイ　みんな、大工さんとか職人さんと良い関係作ってるな。大工さんは教えるのを嫌がる人もおるから、良い人に恵まれたんやな。
うちも電気工事はプロにお願いした。これは電気工事士にお願いせなあかんって決まってるしな。
あと、下水工事も、重機で穴を掘る必要があったし、プロに頼んだな。
空き家改修をもうちょい手軽にやりたかったら、基礎と躯体と屋根をプロにやってもらって、壁とか内装だけを自分でやる方法もある。

材料の調達方法は？

ヒロシ　材料ってほとんど木材やから、うちは、近くの製材所に相談した。製材所の人が親切で、何つくるか言ったら、どんな木材が必要か、何が良いか、教えてくれる。梁にする木材が欲しいって言ったら、ほなヒノキが良いな、って必要なサイズに切ってくれたり。代金は立米単価で売ってくれる。
電動工具とか特殊なものはネット通販。
簡単な工具とか資材はホームセンター。店によって揃ってるもの違うから、使い分けて。

フクイ　オレも木材は地元の製材所。まとまった量なら、製材所が安いよな。
改修してる家の近くで山の木を伐採してるときがあって、伐られた木を譲ってもらって、製材所に持って行って、製材してもらったこともある。まさに地産地消やな。
オレは工具とか設備とかは、ネットオークションで安く買うことが多いなぁ。
資材とか工具は、やっぱホームセンターが便利やな。工作室で好きな大きさに切れたり、運ぶのに軽トラ貸してもらえたり。ホームセンターの材料だけでかなりいろいろできる。

ワダマキ　うちは、ホンマ大工の土井さんにお世話になってて、木材とか屋根の材料とか、資材とか、必要なものを仕入てもらった。何使ったら良いかとか、改修の方法とか、何もかも教えてもらった。土井さん居らんかったら、ここまでできんかったと思う。ホンマ土井さんには足向けて寝られへんねん。

改修した家で、気に入ってるところは？

ヒロシ　うちはめっちゃ行き当たりばったりで直してるから、自信持ってるところはあんまりないけど…
わりと駅に近いし、高台になってる立地は良かった。買ったとき雨漏りしてなかったのも良かった。
他の人がやってなくてやって良かったことは、薪ストーブの煙突を真上にあげて屋根に抜いたこと！
（煙突を真上に抜くと、煙の抜けが良くなります）

フクイ　えらい控えめやなぁ（笑）。ヒロシとケダマン家は、キッチン、リビング、和室2部屋がワンルーム
になってて広いとこがエエよなー。

ケダマン　4つの部屋をまとめてワンルームにしてる部屋は、気に入った建具を合わせて、何カ所か仕切れるよ
うにしようかと思ってんねん。建具を合わすと思うと気が遠くなるけど。（やるのはヒロシだが）
気に入ってるっていうか、良いところもあれば悪いところもあるから考え方次第やけど、天井が低い
部屋は圧迫感もあるけど、逆に暖まりやすくて良いかな。
友達のセルフビルドはめっちゃ素敵に見えて、我が家はまだまだやなぁって終わりが見えず。
でも良い古民家を見つけると、欲しい！改修したい！（笑）ってなる。

ヒロシ　直しても、直しても、なかなか、これで良いってならん（笑）。

ワダマキ　うちは外とつながるようにしたいって思って、キッチンとリビングを土間にしたところと、
前の庭に面する部屋に大っきいウッドデッキをつけたのが、気に入ってるかな。

フクイ　ワダマキ家は、ロケーション最高やもんなー。近くに他の家がなくて、裏にも表にも庭があって、
広い空間の中にある。工房にできる別棟があるのも良いし。
風呂、土間の床暖房、薪ストーブ、全部が薪でできるのも良いよなー。

ワダマキ　高島に移住してから4年ぐらいずっと家を探してたけど、はじめてここに来たとき、こんな良い所が
あるんや！と思った。この家は屋根がかなり悪くなってたから、直してまで住もうって人はおらん
かったみたい。

**ヒライ
アン**　薪はひと冬にかなりの量が要るから、毎年、集めるのが大変。
この家は気に入ってるけど、これから良くしたいところもいっぱいあって、住みながら改良しようと
思ってる。土間は吹き抜けで開放的やけど、冬は寒いから開け閉めできるような天井をつけようと構
想中。これから塗ろうと思ってる壁もあるし…。

フクイ　マスキングテープ貼ったまま塗ってない壁ってあるよなぁ（笑）。うちも、塗ろうとしてもう3年…。
住み始めると、それはそれで困らんから、ついつい後回しになってしまう。
うちは今、2軒目に改修した家に住んでるけど、冬でも半袖半ズボンで居られるぐらいあったかいの
が自慢。1軒目に直した家はめっちゃ寒くて、断熱と気密性はかなり大事やと思った。屋根にも壁に
もしっかり断熱材を入れたから、暑さも防げて夏でも2階で寝れる。
あと、2階にもトイレをつけたことも自慢やな。めっちゃ便利。
もうひとつ、2階に洗濯物が干せるサンルームを作ったのもポイント！天窓つけてトップライトで明
るくして、梅雨時期とか冬は除湿機を動かして使ってる。うちの地域は雨が多いから、室内の物干し
スペースは、嫁さんにも好評でホンマに便利。

失敗したこと、心残り、もう一度やるならこうしたい！ってところ

ヒロシ　次やるなら、はじめにどんな家にするか、ちゃんと設計してからやりたい！　思いつきでやってると、先にこれやっとけば良かったってことがいっぱいある。せっかく仕上がった床を、隣の部屋を改修するために、また剥がすことになったり、床を下げたのは良いけど下に入られへんようになったり…。

ヒライアン　オレもそうかも。

フクイ　それあるよなー。やり直すために、床下にもぐるって考えただけで、胸が苦しくなるわ。

ヒロシ　材料も大量に買わんと安くならへんし。時間がたつと、同じ色を注文してても、微妙に違う色のが届いたりするし。漆喰とか、壁塗るたびに自分で混ぜてると色バラバラになるし。漆喰は乾いてからでないと色が分からんし…。はじめに計画しとくのが大事やなー。

フクイ　漆喰は同じ商品でも、製造ロットが違うと色が微妙に違うよな。しゃあないけど腹立つなぁ（笑）。うちは2軒目の改修では、快適性とか便利さは満たせてるかな。でも玄関とかリビングとかもうちょっと広くしたかった。あと、某量販店で買ったキッチンの精度があんまりで、引き出しが閉まらんのが困る。安くて自由に作れるのが魅力やけど、つくりは安かろう、悪かろう、やね。

ヒロシ　うちも同じとこのキッチンですけど、引出しはちゃんと閉まりますよ（笑）。

ワダマキ　うちはまだ途中やし、これからまだまだ改良するつもり。さっきヒライアンが言ってた、土間の天井もやけど、2階の風通しが悪いから、ロフトに窓つけたいし。床の間をロフトに上がる階段にしたいし…。「床の間を階段にしようと思ってる。」って言ったら、知ってる人に「日本人は床の間は残さなアカン！」って言われたけど、どうなんかなー。

あなたにとって空き家改修とは？

ヒロシ　僕はもともと改修しようと思って家を買ったんじゃないけど、やっておもしろい。
納得いくまでこだわって改修できたら良いかな。
いき当たりばったりやから、直して、また戻して…とかなると楽しくなくなってくるけど。

ケダマン　空き家改修とは…「遊び」かなー。道楽みたいな。
何回も確認して改修してるけど、気が変わることもあるし、やってみたらおかしかったってこともあるし、飽きてきたり、いやんなることもある。遊びでやってる自分の家やからこそできるんかな。

ヒライアン　うちは半年間、勢いでやったから、燃え尽きた。
追われるとおもしろくなくなる。
改修ってむっちゃ効率悪いと思うし、新築って良いよなー、
仕上がってるって良いよなーって思うことはある。
でも、ひとつひとつ納得して直してるし、
住みながら気に入らんかったらやり直せるのが良いよな。

ワダマキ 　古民家改修とは…「自由」「自己責任」「安心感」。自分らでやってるからどうにでもできるし、家がどんな風に建てられてるのか仕組みが分かるから、悪いとこもすぐ直せる。
自分らでやってるから次々いろいろ起こるけど…。みんなは、エネルギー的にもう一軒できんの？

ヒロシ 　できん！

ケダマン 　次は大工さんにお願いしたい！

フクイ 　俺は1軒目の家で7年間改修し続けたけど、時間かけてやったからか、どんどんまたやりたいと思ってまうな。新築もやってみたいけど、古民家改修の魅力とか趣とかは、新築ではできへんね。

ヒロシ 　自分で改修すると、好きなときに好きなだけ時間かけられる。働くことは二の次で、その間は働かれへんけど。ばーっとやりたいけど、違うってなって先進まんかったり、家の中でじっと考えたり、毎日同じこと繰り返したり、ホンマ、自由。

ヒライアン 　工務店とかに頼んで毎月ローン払って、そのために会社に勤めてって考えたら、直しながら住む方が良いよなー。

フクイ 　家は3軒目が一番うまくいくっていうし。我々に完成はない！日々セルフビルド！

番外編…お祓いした？

フクイ 　ちなみにみんな、空き家を改修する前に、お祓いとかはした？

ワダマキ 　うちは、友達にした方が良いって言われたから、神主さん呼んで、お祓いしてもらった。

ケダマン 　うちもマキさんがやってるって聞いて、もう改修はじめてて後になってしまったけど、あせってしてもらった。やらんより、やった方が安心かなって。

フクイ 　みんな偉いなー。俺は若いときは迷信とか縁起とかの類は全く信じてなくて、「みんな気が小さいなー、そんなん絶対、関係ない」と思ってた。
近所の人に、便所を埋めるときは竹を指しとかなあかんとか、大木を伐るときはお祓いせなあかんとかいろいろ言われたけど、全く何もしてなかった。でもいろんなことがあって反省したなー。逆に今は迷信を知ったら、何でも気になってしまう（笑）。
古民家が怖いのは、例えば築百年やったら百年の間にはいろんな歴史があるわけや。その家で亡くなった人もたくさんおるし。何代も昔のことは不動産屋は知らんかったり、教えてくれへんから、地元の人と仲良くなって教わらんと分からん。

ケダマン 　うちは、お祓いしてないことを古民家改修の師匠に相談したら、「天地返しがあるから何があっても大丈夫！」って教えてもらった。でも一応、お祓いはしたけど。。。

索引

空き家を直すということ

原田 将

【空き家】という言葉の響きには、構わずに放っておくには忍びないような無口でダメな奴（と社会的にレッテルを貼られているだけの）と同質の、磨けば光る才能のようなものを感じる人も少なくないのではないかと思います。もちろん、空き家の状態やポテンシャルにもよりますが、「愛おしさ」に近い感じがします。

誤解を恐れずにいうと、有機的なもの（地域）に囲まれながら、無機質に限りなく近づいている存在（廃屋）という意味においては、介護が必要になった親のようにも思えてきます。

兎にも角にも、そんな【空き家】が、今、日本全国に846万戸以上（平成30年住宅・土地統計調査）あると言われていますが、この問題の根を掘り興すことよりも、これらをゴミとして扱うのではなく、価値あるものとして捉えることができればいいなぁと、ぼくは思っています。家を建てるのって、一体、どれくらいお金がかかるのかを考えれば、この【空き家】といわれているものが、もともとどれくらいの価値を持っていたかは、想像に難くないはずです。

一方で、「空き家を直す」と言葉にすると簡単そうですが、実際、自分たちの力でその言葉通りの現実にたどり着くには、いささかお勉強と訓練が必要であるのも確かです。

ぼく自身、2010年にNPOの仕事として「母屋に下屋の増築する」という工事を題材に、建築技術の基礎を学ぶ「めざせ家づくり！セルフビルド塾」という講座を運営したのがきっかけで、セルフビルドに関心を持つようになりました。また、この本の執筆者でもあるフクイアサトさんと出会ったのも、この講座がきっかけでした。それ以来、「セルフビルドってすごい！」という感動を引きずりながら、毎年のように「空き家」を題材にしたセルフリフォームの講座を運営し、今に至ったという訳です。

その頃のぼくは、「建築」について本当に何にも知らない素人で、家づくりというものを自分の肌感覚で、はじめて経験する機会でもありました。

もともと、【衣食住】という、ぼくら人間の生存を根源的に支えてくれる三つの要素のうち、個人レベルで意識し難いものが「住」ではないかと思っています。ぼくらはこの世に生まれでた瞬間から、家や家のような建物の中で、何十年と寝食を繰り返しています。それは食事や衣服と同じくらい、毎日、欠かすことの出来ない要素であることは確かですが、日々口にする食べものや身につける衣服ほど、個人的に意識することが少ないものでもあります。

自身の健康のために、目に見えない成分表や農作物の作り方まで意識する食べ物や肌触りや質感、色彩、デザインまで自己表現の一部として、徹底的にこだわることができる衣服などと違い、家というものは個人のものでありながら、家族や地域社会などを同時に意識せざるを得ない、共有財産でもあります。

そういう意味では、「家をつくる」≒「空き家を直す」という行為は、家族や地域社会、さらにはその文化や歴史というものを必然的に意識せざるを得なくなる【装置】でもある訳です。

きっかけが何であれ、「空き家を直す」という行為が、結局、家族や暮らしのことを考え、その地域のことやゴミのこと、景観のこと、山の木のことなど、ありとあらゆることを考え、学びたくなる【総合学習装置】であることを、教えてくれるのだと思います。

原田 将（はらだまさる）氏 プロフィール：
1974年京都府向日市生まれ。小学校高学年まで福岡県福岡市で育ち、滋賀県大津市に引越し、2010年から滋賀県高島市在住。絵や詩を描いたり、バックパッカーしたり、天然酵母のパンを焼いたり、NPOで地域を耕したりしながら生きてきて、2016年10月に岡山県に本社があるエーゼロ株式会社に入社。2018年に障がい者福祉事業を仲間とともに立上げ、現在に至る。二人の娘と遊ぶのが生きがい。

この本ができるまで

NPO法人結びめと空き家改修について

　NPO法人結びめは、建設会社や工務店の代表、設計士など、建築関係の仕事に携わる個人が集まって組織された団体です。2009年に任意団体として立ち上がり、主に滋賀県高島市で、移住促進などの活動に取り組んできました。設立当初には、高島市との協働で市内の空き家調査や集落活動支援等の活動も行なっており、今後、全国的にもますます増え続けていくであろう「空き家問題」の根深さを感じてきました。

　しかし、増えゆく空き家の中には、若い移住希望者が「古くても安く住みたい！」という家と「素敵な古家が誰にも使われずに、ただ朽ちるのを黙ってみているしかない」家という需要と供給のミスマッチが解消できる場合もあります。その可能性を高める一つの方法として、体験型の空き家改修というものをスタートしました。

　僕らが「素敵」だとか「良い家」だと感じている、築数十年の家そのもの（建材や屋根、建具など）や、周辺環境、その家の成り立ち、持ち主の人柄などの価値を最大限活かすことで、何か少しでも前向きに、次の世代に手渡せるような面白いことができないかなぁという思いで、セルフリノベーションによる空き家改修という活動を実践してきました。

クラウドファンディングで空き家改修！

　2016年、クラウドファンディング（※）で多くの方のご支援と協力を得ながら空き家の改修に取り組み、その成果のひとつとして、本の制作を行いました。ご支援いただいたみなさまには、この場をお借りしてお礼申し上げます。本当にありがとうございました！
※ 群衆（crowd）と資金調達（funding）を組み合わせた造語で、主にインターネット経由で不特定多数の人から資金を募ること

　改修した空き家は、その後、移住者の方に借りていただくことができ、住まい手にも改修されながら、心地よい住まいとして機能しています。そしてこの本は、学芸出版社さんの協力を得て、内容を補強し、これまでの僕らの空き家改修プロジェクトの集大成として出版することになりました。

　クラウドファンディングで改修した空き家のほか、この本で紹介した改修現場は、滋賀県高島市にあります。興味のある方は、ぜひ一度、高島市に遊びにいらしてください。大学や企業、団体、個人の視察（有料）も可能です。この本の感想などを、下記メールアドレスにお送りいただけると、大変うれしいです！

info@musubime.tv
NPO法人　結びめ　原田　将

あとがき

　2002 年に僕がボロボロの茅葺き民家を購入してから 20 年が過ぎました。この間、色々なことがあり、現在は木造 2 階建ての倉庫をリノベーションした家に住んでいます。田舎暮らしの中で米をつくってニワトリを飼って、倉庫を建てたり、農機具小屋を建てたり… 20 年間の中で僕が挑戦したこと、経験したこと、失敗したこと、学んだことの一部がこうして本になったことは、僕にとってひとつの区切りのように感じています。原田君、唱子ちゃん、おつかれさまでした。そしてありがとう !! なかなか原稿が進まずご心配おかけしました。学芸出版社の中木さんもたくさんのアドバイスありがとうございました。

　そして、家づくりを通して僕を支えてくれた家族、手伝ってくれた仲間や出会った人達との大切な時間が今の僕の礎（いしずえ）となっています。

　この先、どんな人生が待っているか、誰にもわかりませんが、ただひとつ言えることは「壊れても（壊しても）いつか必ず、直る（直す）」です。空き家セルフリノベーションの極意そのものです。

　すこしつまらない話になってしまいましたが、みなさんにとってこの本が何かの一歩を踏み出すきっかけになれば、こんなに嬉しいことはありません。お互いがんばりましょう。僕もがんばります。

2023年2月
フクイ アサト

著者略歴

フクイ アサト

1973 年大阪生まれ。
設計事務所退職後 2002 年に滋賀県高島市に移住。
7 年かけて古民家を改修して田舎暮らしを始める。
NPO 法人 結びめの空き家改修塾講師を務める。
現在、田舎暮らし体験施設の開設に向け、
通算 8 軒目の古民家をセルフリノベーション中。
いなか暮らしラボ古今集 代表。一級建築士。

⊙ いなか暮らしラボ古今集

空き家改修の教科書

古民家 × DIY で自分らしい暮らしを実現！

発行日　　　2023年　4月10日　第1版第1刷発行
　　　　　　2024年 10月15日　第1版第4刷発行

著者・イラスト　フクイ アサト

企画・編集　　NPO法人 結びめ

発行人　　　フクイ アサト
　　　　　　原田 将　（NPO法人 結びめ）
　　　　　　西川 唱子（NPO法人 結びめ）
　　　　　　清水 安治（NPO法人 結びめ）

発売　　　　株式会社 学芸出版社
　　　　　　〒600-8216 京都市下京区木津屋橋通西洞院東入
　　　　　　tel 075-343-0811　fax 075-343-0810
　　　　　　http://www.gakugei-pub.jp

問合せ先　　NPO法人 結びめ
　　　　　　〒520-1217 滋賀県高島市安曇川町田中4901
　　　　　　tel/fax　0740-28-7466
　　　　　　http://musubime.tv

ISBN 978-4-7615-0924-8
©フクイアサト 2023　Printed in Japan

できるかどうかより、できるようになりたいかどうか